VOYAGE

AU

PAYS DE DAHOMÉ,

SITUÉ DANS L'INTERIEUR

DE LA GUINÉE,

Avec l'Histoire de ce Royaume,

SUIVIE

D'Observations sur la Traite des Negres;

PAR C. B. WADSOROM.

Traduit de l'Anglois.

A PARIS,

Chez GAY & GIDE, Libraires, rue Honoré,
N°. 85, & rue d'Enfer, N°. 731.

L'An III. de la République.

AVANT-PROPOS

DU TRADUCTEUR.

Il est essentiel, en lisant l'Ouvrage de M. Norris, de se rappeler qu'il regne en Angleterre deux opinions importantes. L'une veut qu'on abolisse la traite, & l'autre ne le veut pas. L'Auteur de ces Mémoires est contre l'abolition, par conséquent il n'a pas flatté le tableau de l'Afrique & de ses habitans. Malgré cela, ces Peuples nous inspirent de l'intérêt, autant par les malheurs qui les oppriment, que par leur soumission extrême à leurs des-

A 2

potes , qu'ils adorent , malgré leur cruauté. Ce n'eſt pas le caractere africain qu'il faut attaquer, c'eſt celui de leurs tyrans, qui fentent qu'ils ne peuvent ſe maintenir dans leur gouvernement que par la terreur que leur nom porte dans le cœur de leurs ſujets. Ceux qui prétendent qu'il faut abolir la traite, diſent qu'il faudroit mieux connoître l'Afrique , y former des établiſſemens, & faire de ſes habitans, non des eſclaves , mais des cultivateurs libres. Malgré le tableau de la barbarie qui regne dans ces contrées, on en fent toujours le déſir , & l'on regrette l'abandon d'une terre auſſi fertile , & le mépris qu'on a pour ſes belles & riches productions.

Si la paſſion que les Africains ont pour les liqueurs fortes & les mar-

chandifes européennes , peut les porter à tout, ce mobile puiffant peut
avoir une bien meilleure application
que celle qu'on en fait en ne leur cé-
dant les marchandifes qu'au prix de
leur liberté. Je fuppofe qu'un des petits fouverains d'Afrique eût befoin
d'eau-de-vie ; pourquoi ne pas l'obliger
à faire cultiver un canton, au lieu de
vendre fes fujets, & ne lui céder l'objet
de fes défirs qu'en raifon des défri-
chemens qu'il auroit fait faire ? Mais
cette maniere fimple & facile de convertir un commerce infame en un
commerce légitime & fructueux, eft
précifément ce que l'on ne veut pas
adopter , parce qu'une autre habitude eft prife, & que toujours on pré-
fere un bénéfice médiocre , mais
prompt , à un bénéfice plus grand,

mais plus lent à venir. Il faut donc ne pas perdre de vue, en lifant les ouvrages que l'on écrit aujourd'hui fur l'Afrique, quelle eft l'opinion des Auteurs fur l'abolition de la traite. Ceux qui penfent qu'il faut l'abolir, vanteront peut-être un peu trop un pays très-fertile, mais qui a befoin d'être cultivé; ceux qui font contre cette abolicn, déprécieront un climat trop peu connu, mais que tous les voyageurs impartiaux nous difent être le continent le plus riche de tous ceux du globe terreftre. Heureufement que les voyages en Afrique fe multiplient chaque jour. Les Anglois, toujours jaloux d'être les premiers à connoître ce qui peut étendre leur puiffance & leurs richeffes, quoique de tous les peuples celui qui faffe le plus grand commerce des efclaves, ne négligent pas de faire des recherches qui les mettront à même un jour de parer à la fuppreffion inévitable de la traite des noirs, en formant des établiffemens dans les lieux de l'Afrique les plus favorables. Ils ont ordonné plufieurs voyages dans l'intérieur de ce continent, dont chaque jour toutes les defcriptions deviennent de plus en plus intéreffantes ; & celle que nous préfentons au public nous a paru avoir affez de mérite pour qu'il nous fût gré de la lui avoir fait connoître.

EXTRAIT

EXTRAIT

D'UNE LETTRE DE L'AUTEUR

A L'ÉDITEUR.

JE fouhaiterois que le manufcrit que vous
vous êtes donné la peine de lire méritât davantage l'attention du public ; mais parmi les occu-
pations & les affaires que l'on a néceffairement
quand on ne fait qu'une réfidence momentanée
en Afrique, on trouve peu de temps à donner
à des recherches fur l'hiftoire naturelle ou politique de ce pays ; & la ftupidité des naturels eft
une barriere infurmontable contre les informations qu'exige cette étude.

Vos inftances font trop preffantes pour me refufer plus long-temps à laiffer imprimer ces mémoires ; & quoique je n'aie nulle envie d'y mettre mon nom, cependant, fi vous croyez que la
chofe foit abfolument néceffaire pour donner aux
faits *l'authenticité & la confiance qu'ils méritent*, je vous laiffe le maître d'en agir comme
il vous plaira.

Il ne m'a pas été facile d'éviter de me fervir

A

des mots *roi*, *général*, *palais* & autres semblables, afin que le lecteur pût me comprendre.
Par exemple, ce que j'appelle *palais* est exprimé
en langue du pays par le mot *Simbomy*, qui
(traduit littéralement) signifie une *grosse maison*.
Cette expression auroit pu sonner mal, & j'ai
préféré me servir d'un terme analogue & plus
familier à l'oreille. Mais quand on rencontre
ces mots, il ne faut pas vouloir y attacher les
mêmes idées qu'ils présentent ordinairement à
l'esprit quand on parle d'un peuple civilisé; & les
raisons que je viens de donner, feront trouver
moins ridicule d'avoir attribué le nom de roi à
un barbare brutal, ou d'avoir donné pompeu-
sement celui de palais à un séjour qui a plutôt
l'air d'un chenil ou d'un écurie (1).

Atkins, qui a vu le palais du roi de *Juda*,
avant qu'il eût été détruit, le dépeint comme
« un bâtiment vaste & mal-propre, d'un mille
» ou deux de circonférence, & construit avec
» des bambous ; cette enceinte renfermoit un
» millier de concubines, & c'étoit là que le roi

---

(1) Si l'auteur n'a pu se dispenser de se servir des
mots *roi*, *général*, *palais*, on pardonnera bien au
traducteur d'employer ceux de *trône* & *de majesté*.

(3)

» partageoit son temps entre ses femmes & la
» table ». J'ose croire que tout le reste étoit
analogue à cette description.

Le *simbomy* royal, ou grande maison de *Calmina*, est entouré d'une muraille de boue de la
hauteur d'environ vingt pieds ; l'espace qu'elle
renferme est à peu près un carré dont chaque
côté n'a guère plus d'un mille d'étendue ; car les
deux que je mesurai, avoient chacun en longueur,
seize cents de mes pas. Au centre de chacun
de ces côtés, il y avoit un large bâtiment
dans lequel étoit placée une garde composée de
femmes & d'eunuques sous les armes. On voyoit
sur les toits, qui étoient en chaume, les crânes
d'un grand nombre de prisonniers de guerre ran-
gés sur de petits pieux de bois. Les appartemens
intérieurs que j'eus occasion de voir, n'étoient
que plusieurs vastes cours qui communiquoient les
unes avec les autres ; la plupart étoient carrées
& oblongues, & entourées de murs de boue. Il
y avoit dans chacune d'elles une espece de portique ou hangar formé avec des poteaux d'environ sept pieds de haut , & plantés en terre à
douze ou quatorze pieds de la muraille : l'espace
intermédiaire étoit couvert d'un toit penché, fait
avec du chaume , soutenu par des solives de
bambous , qui, du haut de la muraille , élevée

dans cet endroit d'environ vingt pieds , mais
seulement de huit ou dix dans les autres côtés
de la cour , portoient sur les poteaux. L'aire de
ces cours n'est formée que par le sol lui-même
du pays ; mais au dessous de ces abris, le terrain
étoit élevé de quelques pouces par un lit de
mortier formé avec de la claye : dans quelques
endroits , la muraill étoit blanchie avec une
espece de terre à pipe qu'on trouve dans le pays.
Le tout ensemble avoit quelque ressemblance
avec plusieurs basse-cours de campagne réunies
avec de longues granges couvertes de chaume,
des cabanes pour retirer les troupeaux , & des
hangars pour les charrues , séparés les uns
des autres par des murs de torchis peu élevés. Il est plus difficile de donner la description
de l'intérieur de ces sortes de palais , parce que
jamais aucun homme n'y pénètre, & que l'entrée
des appartemens des femmes est défendue avec
une sévérité dont n'approche point la jalousie des
Orientaux. Je n'ai jamais passé les limites de ces
cours qu'une fois à *Abomé*, lorsque le vieux roi
Ahadée, qui étoit malade, voulut me voir dans
sa chambre à coucher, qui étoit de forme circulaire & d'environ dix-huit pieds de diametre ; le
toit étoit de forme conique & en chaume ; les
murs étoient de boue, mais blanchis en dedans ; il

y avoit au devant une efpèce d'aire peu fpacieufe,
formée par une muraille d'environ trois pieds
d'élévation , & dont la partie fupérieure étoit
revêtue ou plutôt criblée de mâchoires humaines.
Le fentier qui conduifoit à la porte étoit pavé
de crânes humains. Les matelas & les bois de
lit étoient de fabrique européenne, & les rideaux
étoient très-courts ; l'ameublement confiftoit en
une petite table , un coffre , & deux ou trois
chaifes. Le plancher, qui étoit fait avec de la
claye , étoit revêtu d'un tapis que je lui avois
vendu quelques mois auparavant. Les appartemens des femmes (qui ont chacune une
cabane féparée) occupent , je crois , l'efpace
reftant entre les murs du palais , à l'exception
d'un petit canton réfervé aux eunuques , & à
quelques magafins néceffaires pour contenir les
provifions de fa nombreufe famille , ainfi que
pour renfermer fes *coris* , les barres de fer , les
étoffes , les armes , les munitions , &c. , & autres
articles fournis par les Européens. Le feu roi
étoit très-curieux de ces objets, & achetoit tous
ceux qu'il pouvoit fe procurer , comme tables ,
chaifes , commodes , boîtes à liqueurs en bois
d'Acajou, cannes de promenade, étuis à couteaux
& à fourchettes ou à cuillers, taffes d'argent
& verreries. Je lui apportai un jour, une coupe

d'argent à deux anſes & avec ſon couvercle, le tout peſant deux cent vingt-ſix onces. J'ai dîné quelquefois ſous les portiques ou hangars dont j'ai parlé, quelquefois auſſi au milieu des cours, & alors nous & nos tables étions garantis des rayons du ſoleil par des paraſols que tenoient des ſerviteurs vêtus à la manière du pays, qui (pour les hommes à Dahomé) conſiſte en une paire de larges caleçons, & une pièce de toile d'environ trois aulnes de long & deux de large, dont ils s'entourent le corps de façon à laiſſer le bras droit libre & nud. Je ne trouvai point à dire les mets d'Europe, parce que le roi a toujours un certain nombre de cuiſiniers qui apprennent leur métier dans les forts & dans les comptoirs des Européens à Juda. En ſorte qu'il lui eſt facile de régaler à la manière de leur propre pays, ceux qui vont lui rendre viſite. On me ſervit ordinairement mes repas dans des aſſiettes & des plats d'étain & de terre. Je remarquai que, quoique le touy touy & la viande de chien ſoient très - fort du goût des naturels, les rois ont cependant l'attention de ne jamais dégoûter leurs hôtes Européens, en faiſant ſervir de ces mets devant eux.

Je ne crois pas que les *Dahomans* ſoient *antropophages* dans toute l'étendue de ce mot,

quoiqu'ils ne fe faffent aucun fcrupule de manger une victime dévouée dans une fête publique,
& qu'ils faffent à leurs propres compatriotes,
les naturels de *Toré*, le reproche d'être *canni-
bales*, dont j'avoue que je ne les crois point
coupables. Mais je ne doute nullement que
d'autres nations africaines ne foient adonnées
à cette pratique dénaturée; car d'après les té-
moignages nombreux & fidéles de ceux qui ont
été à *Bonny*, il eft certain qu'un naturel de
ce pays tue & mange un homme d'*Audony*,
& que toutes les fois qu'un *Audonéen* en trouve
l'occafion, il rend la pareille au *Dahoman*, non
par manière de triomphe après une victoire,
mais comme repas familier. *Snellgrage* eft certainement exact, & *Atkins* mal informé &
dans l'erreur, quand il parle du motif qui a porté
le roi de *Dahomé* à s'emparer des états de *Juda*.
J'ai connu plufieurs vieux naturels de *Juda*,
ainfi que de *Dahomé*, qui avoient été témoins
de l'invafion que *Trudo* fit de ce royaume. Ils
n'attribuoient cette entreprife qu'au feul défir
d'étendre fon empire & d'avoir, de la *première
main*, les marchandifes qu'il avoit coutume d'a-
cheter aux *judaïques* qui étoient en poffeffion
de la côte. *Trudo* avoit follicité auprès du
roi de Juda la permiffion d'avoir un paffage

libre au travers de fes états, pour faire le commerce directement fur la côte, à condition de
lui payer les *droits* ordinaires fur l'exportation
des efclaves ; mais il n'en reçut qu'un refus for-
mel : *Trudo* irrité réfolut d'obtenir par la force
des armes ce qu'il n'avoit pu avoir de l'autre
manière ; il attaqua le Roi de *Juda*, le vain-
quit, & extermina une grande partie des habitans de ce royaume.

La conquête qu'il fit d'abord du royaume
d'*Ardra* lui facilita celle de l'autre, dont il eft
voifin. *Ardra* fut autrefois une nation puiffante
& nombreufe, dont la fouveraineté s'étendoit
depuis la rivière du *Volta*, jufqu'au *Lagos* ;
mais ayant été affoibli enfuite par les révoltes
de *Quitto* (appelé par *Bofman*, *Coto*), de
Popoc, de *Juda*, d'*Appy*, de *Bidagry*, &
de *Lagos*, il lui fut impoffible de réfifter aux
armes victorieufes de *Trudo*. Le royaume de
Juda, dont le fouverain avoit eu l'imprudence
de refufer de prêter du fecours contre l'ennemi
commun, devint bientôt lui-même une conquête
facile, & avec lui furent foumis & rendus tri-
butaires le port & la province de *Jacquin*. Ce
barbare impétueux, après avoir affouvi fa vengeance par le carnage & la défolation de tous
les états maritimes qu'il lui fut poffible de ré-

duire , tourna ſes armes contre les royaumes
de l'intérieur qui avoient réſiſté juſqu'alors à ſes
attaques. Mais ne s'étant pas attendu à être re-
pouſſé auſſi rudement qu'il le fut, cette diſ-
grace ne fit que redoubler ſa férocité, & il cher-
cha à la ſatisfaire en commettant de nouveaux
attentats dans les pays qu'il venoit de conquérir.
Les arts de la paix, l'encouragement de l'agriculture, l'introduction des manufactures, & le
projet d'établir & d'étendre un commerce civiliſé
avec les négocians *européens*, par des échanges
réciproques des productions naturelles des endroits les plus fertiles de la Guinée, furent des
ſoins dont il paroît qu'il n'eut jamais la moindre
idée, & dont probablement ſon eſprit n'eût jamais pu être ſuſceptible. Il eſt aujourd'hui reconnu
que ſa prétendue lettre à ſon *frere* George II,
le roi d'Angleterre, n'étoit autre choſe qu'une
invention impudente d'un certain *Bullfinch
Lambe*, qui trouva par-là le moyen de s'avancer auprès du Duc de *Chandos*, qui étoit alors
le grand protecteur du commerce de la Grande-
Bretagne avec l'*Afrique*.

Toute la politique de *Trudo* ſe réduiſoit à
celle d'un barbare ambitieux & cruel, qui ne
ſavoit ſe maintenir dans la poſſeſſion de ſes conquêtes qu'en réduiſant les villes en cendres & en

égorgeant leurs habitans ; c'eſt dans ces exploits qu'il paſſa quelques-unes des dernieres années de ſa vie, qui finit en 1732. Il eut pour ſucceſſeur *Boſſa Ahadée*, dont je rapporte & ſoumets les Mémoires au public avec autant de modeſtie que de bonne foi.

INTRODUCTION.

Les *Dahomans*, nation puissante &
guerrière de l'*Afrique*, située à l'est
de la Côte d'Or, entre les rivières
Volta & *Benin*, n'ont point échappé
aux recherches des géographes moder-
nes dont ils ont attiré l'attention par
la grandeur de leurs états qui s'éten-
dent jusques aux côtes maritimes, &
auxquels fut réuni, par droit de conquête, le royaume de Juda, pays si
important par son commerce, que les
Anglois, les François, & les Portugais y maintiennent des forts pour la
défense de leurs comptoirs respectifs.

Il n'y a guère plus d'un siècle que
les *Dahomans* n'étoient qu'un peuple
très-peu considérable, mais redouté
cependant de ses voisins, à cause de sa
valeur & de son adresse dans les combats. Ils étoient connus alors sous le
nom de *Foys*, & la ville de *Dahé*, qui
est située entre *Calmina* & *Abomé*, étoit

la capitale de leur petit territoire.

Dès le commencement du siècle dernier, *Tacoodonou*, chef de la nation des *Foys*, viola les lois sacrées de l'hospitalité, en assassinant lâchement un prince souverain, voisin de ses états, & qui étoit venu lui rendre une visite d'amitié pour faire honneur à une des fêtes qu'il donnoit : il attaqua & prit ensuite *Calmina*, qui étoit la capitale des états du défunt : ses forces s'étant accrues par cette conquête, il osa déclarer la guerre à *Da*, roi *d'Abomé*, qu'il assiégea dans sa capitale, & qu'il réduisit en peu de temps. Il mit à mort *Da*, selon le serment qu'il avoit fait de l'éventrer, & plaça son corps sur le toit du palais qu'il fit construire à *Abomé*, en mémoire de sa victoire, & qu'il fit appeler *Dahomé*, de *Da* son infortunée victime, & de *Homé* qui veut dire ventre, c'est-à-dire, maison bâtie dans le ventre de *Da*.

Tacoodonou, après cette conquête,

fixa fa réfidence à *Abomé* , & prit le titre de *roi de Dahomé ,* dont la cruelle circonftance que nous venons de rapporter donne la véritable étymologie. C'eft de là auffi que les *Foys ,* fes fujets, prirent en général le nom de *Dahomans :* je dis en général , parce que l'ancien nom de *Foys* fubfifte encore dans le pays ; mais je crois cependant qu'ils ne font connus des Européens que fous le nom de *Dahomans.*

Tacoodonou a donc été le fondateur de l'empire *Dahoman ,* qui fut agrandi , après environ un fiècle , par fon illuftre defcendant *Guadja Trudo ,* qui fubjuga divers royaumes , & ajouta à fes poffeffions , en 1772 , la conquête de *Juda ,* dont *Snelgrave* , *Atkins ,* & autres ont donné des détails particuliers.

Je terminerai ce que j'avois à dire avant de parler du regne de *Boffa Ahadée ,* par une lifte des rois qui ont gouverné le pays de *Dahomé.*

Tacoodonou conquit *Abomé*, & fut le fondateur de l'empire Dahoman, vers l'an 1625.

Adanzou I commença à régner en 1650.

Vibagée, en 1680.

Guadja-Trudo (qui conquit *Ardre, Juda, Jacquin*) en 1708.

Boſſa-Ahadée, en 1708.

Adanzou II , roi actuel , régnant depuis 1774.

———————

MÉMOIRES

DU RÈGNE

DE BOSSA-AHADÉE,

ROI DE DAHOMÉ,

ÉCRITS EN 1773.

CHAPITRE PREMIER.

Bossa-Ahadée succéda à son père *Guadja-Trudo* dans le royaume héréditaire de *Dahomé*, ainsi que dans la possession de ces domaines étendus & nombreux que ce tyran heureux avoit acquis par la force de ces armes, tels que les royaumes précieux d'*Ardra*, de *Juda*, de *Torée*, de *Didouma*, d'*Ajirra*, & de *Jacquin* du côté de la mer ; indépendamment de plusieurs états, frontières de *Dahomé*, comme *Povey* qu'il assigna pour patrimoine à l'héritier présomptif, & autres dont je ne connois pas les noms. Tous ces pays furent conquis par *Trudo*, qui vécut assez pour les voir tous asservis effectivement à son empire.

.*Trudo* eut la politique de laisser à ses nouveaux sujets le libre exercice de leurs diverses superstitions, & de les incorporer avec les *Dahomans*, en favorisant entre eux les mariages, si l'on peut s'exprimer ainsi. Par-là il n'y eut plus de distinctions entre les vainqueurs & les vaincus ; ils ne firent plus qu'un même peuple. Plusieurs de ceux qui s'étoient enfuis de leur pays natal, pour éviter les horreurs de la guerre, furent engagés à revenir, & se soumirent paisiblement au nouveau gouvernement ; de cette maniere, son empire se repeupla dans toutes les parties, & le dévouement au nouveau roi fut si parfait, qu'aucun des états conquis n'a plus été tenté, jusqu'à ce jour, de faire aucun effort pour ravoir son ancienne indépendence.

Telle étoit la situation des affaires de *Trudo* lorsque, très avancé en âge, il paya la dette de la nature. Sa mémoire est encore chere aux *Dahomans*, & dans les choses importantes, il

est

eſt d'uſage parmi eux de jurer par ſon nom , & c'eſt la plus ſacrée des imprécations. Ses conquêtes nombreuſes atteſtent qu'il fut un grand guerrier; il paroît même qu'il étoit auſſi courtois qu'intrépide, par la réponſe qu'il fit aux gouverneurs des forts que les François, les Anglois, & les Portugais avoient à *Juda*, leſquels, lorſqu'il fit la conquête de ce royaume, lui adreſſerent une requête pour le prier de diminuer les droits que les ſouverains précédens avoient exigés de chaque vaiſſeau européen qui y venoit faire le commerce. « Pour vous prouver mon eſtime,
» leur dit-il, j'en uſerai avec vous comme un
» vieillard envers ſa jeune épouſe à laquelle il
» ne peut rien refuſer; il ſera fait comme vous
» le demandez ; je vous fais remiſe pour tou-
» jours de la moitié des droits ».

Comme c'eſt un crime, pour les naturels de ce pays, de parler d'affaires de politique, ou de faire aucune remarque ſur l'adminiſtration des affaires publiques, il eſt difficile d'y acquérir une connoiſſance de faits bien étendue; & le peu d'informations qu'on y peut prendre, n'eſt jamais que très-imparfait : la mémoire des évenemens les plus intéreſſans meurt en général avec ceux qui y ſont intéreſſés. Dans ce pays barbare, les peres n'ont pas l'occaſion de raconter à leurs enfans aucun détail de ce qu'ils ont fait ou vu. Leurs enfans appartiennent à l'état, ou plutôt font la propriété du roi, auquel ils font envoyés à un âge trop tendre pour se souvenir de rien qui ait rapport à leurs parens. Le vieux soldat n'ose pas montrer ses bleffures, ni raconter, le verre à la main, les batailles où il s'est trouvé. Cependant, ayant fait une longue résidence dans ces contrées, j'ai trouvé le moyen d'y recueillir ces mémoires que j'ai mis en ordre chronologique, autant que les recherches que j'ai faites ont pu me le permettre.

La mort de *Trudo* fut tenue cachée, comme c'est l'usage dans ces occasions, jusqu'à ce que les premiers ministres, qui ont le nom de *Tamegan* & de *Maybou*, se fussent consultés ensemble, & fussent convenus entre eux lequel des deux fils devoit succéder à son père ; c'est un devoir qui est confié à ces officiers lors du décès de leur souverain : car quoique le fils aîné soit regardé comme l'héritier préfomptif du royaume après la mort de son père, cependant, si quelque défaut ou quelque vice de corps ou d'esprit le fait regarder, par ces ministres, comme indigne d'être élevé à un aussi haut rang, ils ont le pouvoir de le rejeter, & de choisir, parmi les autres enfans du feu roi, celui qui leur paroît le plus

digne & le plus capable de gouverner (1). Ce
fut en effet l'aîné des fils de Trudo qui fut exclu dans la circonftance dont il s'agit , & les
électeurs fixerent unanimement leur choix fur
Ahadée , dont le règne n'a été qu'une chaîne
continuelle de malheurs pour ce pays infortuné,
& qui, nonobftant quelques bonnes qualités, n'en
a pas moins été, au total, un méchant roi, &
un plus méchant homme encore.

Tamegan & *Maybvu* ayant déterminé leur
choix, annoncerent la mort de *Trudo* , & pro-
clamerent roi *Ahadée. Zingah* , fon frère aîné,
fe voyant déchu de fes efpérances, & fort af-
fligé de la perte d'un héritage qu'il s'étoit flatté
de poffeder un jour, fonda les difpofitions inté-
rieures de fes amis. S'étant d'abord adreffé à

---

(1) Nous favons auffi que c'étoit la même coutume
dans le royaume de *Juda* , où il règnoit un pillage
général jufqu'à ce que le choix d'un nouveau roi eût
été annoncé au public; il y a quelque chofe de remarquable dans cette anarchie momentanée (qui femble
être un retour vers l'état de nature), c'eft de faire fentir aux peuples le prix d'un gouvernement , & de lui
faire défirer vivement le rétabliffement de la puiffance
fouveraine; ce fut là fans doute le principe politique
de cet ufage fingulier.

B 2

ceux fur lefquels il avoit répandu des bienfaits pendant la' vie de fon père, un grand nombre lui promit de le feconder dans fes deffeins & de fe mettre dans fon parti. Il prit donc des mefures fecrètes & concertées pour furprendre fon frere & s'emparer du gouvernement, foit par rufe ou par force. *Ahadée* cependant fut averti du complot qu'on tramoit contre lui ; *Zingah* & les principaux conjurés furent arrêtés au moment même où ils prenoient les armes pour accomplir leur deffein : *Zingah* fut coufu dans un hamac à *Abomé*, & fut porté ainfi jufqu'à *Juda*, où il fut mis dans un canot, enfuite tranfporté à deux lieues en avant dans la mer, où il fut jeté & noyé. La loi du pays défend de répandre le fang royal, qui eft regardé comme facré ; mais elle permet de punir ainfi les princes coupables. Telle fut donc la fin de *Zingah, dont tous les complices furent mis à mort.*

Le roi, n'ayant plus de rival à craindre, & paifible poffeffeur de fes états, leva alors le mafque, & donna un libre cours à tous fes penchans, qui, malheureufement, étoient des plus vicieux. Le premier édit par lequel il fignala fon avénement au trône, fut pour faire mettre à mort tout homme qui porteroit le nom de Boffa. Cet ordre cruel fut ponctuellement exécuté dans fon

royaume ; *jeunes* & *vieux*, tous périrent indif-
tinctement : & pour satisfaire à un point de vanité, à l'idée ridicule que ce seroit une insulte
pour sa majesté si un sujet portoit le même
nom que son souverain, l'état perdit des hommes
utiles, & une foule de victimes innocentes furent
immolées.

Quoique la renommée ait transmis à la pos-
térité une pareille atrocité, elle n'a pas voulu
cependant grever davantage son souvenir, & a
enseveli dans l'oubli les actes répétés de cruauté
& d'oppression qui enfin porterent *Maybou* à
la révolte, & le déterminerent, en 1735, à
prendre les armes, pour affranchir sa patrie de
la tyrannie sous laquelle elle gémissoit.

D'après cet échantillon de caractère, il n'est
pas difficile de juger de quoi le Roi pouvoit
être capable ; il faut en effet que les motifs qui
porterent *Maybou* à cette extrémité, fussent bien
violens ; car les *Dahomans* sont naturellement
très-disposés à bien penser de leurs souverains &
à approuver toutes leurs actions : ils ont pour eux
une vénération mêlée d'amour & de crainte, qui
approche beaucoup de l'adoration. « Je songe
» à mon roi », me disoit un naturel de Dahomé, quand je lui demandois, un moment
avant d'aller au combat, s'il ne craignoit pas que

l'ennemi fût supérieur en forces. « Je ne songe
» qu'à mon roi, disoit *Dakou* (1); avec cette
» pensée je ne craindrai pas de me battre contre
» cinq adversaires ». Je crains pour vos jours,
lui dis-je, & je fais des vœux pour que vous
échappiez aux dangers de cette journée. « Ma
» vie n'est rien, reprit-il, elle appartient à mon
» roi, & non à moi; s'il lui plaît d'en disposer,
» je suis prêt à me soumettre, ou si je suis tué
» dans le combat, que m'importe? je suis con-
» tent si je péris au service de mon roi ». Tous
les *Dahomans* sont remplis de ces mêmes sentimens; aujourd'hui même, après avoir enduré
une tyrannie de quarante ans, leur fidélité &
leur attachement sont inébranlables (2). Quoique chaque jour des victimes soient immolées
à son avarice ou à sa colère, & qu'il n'y ait

---

(1) Serviteur fidèle que j'avois employé dans mon
comptoir, & qui ayant eu ensuite le malheur d'encourir injustement la disgrace du roi, fut vendu en esclavage par son ordre.

(2) Quel caractère que celui de ces bons peuples! Quels
progrès n'y feroit pas la civilisation, si les Européens
pouvoient se convaincre de l'avantage qu'ils trouveroient
à y faire des établissemens ! (*Note du traducteur.*)

aucun de fes fujets à qui fes ordres cruels n'aient enlevé quelque ami ou quelque parent tendrement aimé ; cependant ces peuples n'ont jamais attribué leurs malheurs qu'a leurs propres indifcrétions, & ils font perfuadés que tout ce que le roi fait eft toujours bien. On ne trouveroit point ailleurs , fans doute , une foumiffion & une obéiffance plus aveugles.

Maybou, qui avoit été élevé auprès de *Trudo*, & qui avoit combattu fous lui, qui enfin avoit connu des jours plus heureux, voyant que fes efforts ne pouvoient rappeler le jeune roi à lui-même, & qu'il fermoit l'oreille aux bons confeils qu'il cherchoit à lui donner, ne put pas refter plus long-temps fpectateur tranquille des malheurs de fon pays : il fentoit combien il s'étoit trompé en préférant *Ahadée* à fon frère, & croyant que fa patrie exigeoit de lui comme un devoir, de l'affranchir d'un tyran qu'il avoit concouru à placer fur le trône, il fe retira de la cour, & parut bientôt à la tête d'un armée puiffante de rebelles. C'eft ainfi qu'ajoutant aux maux dont *Ahadée* affligeoit fa patrie, il la plongea dans les horreurs d'une guerre civile, dont l'iffue lui auroit toujours été funefte, lors même que l'événement auroit eu un fuccès proportionné à la juftice du motif. Mais il en fut tout autrement, par l'habileté de l'*Agaou* (1) qui commandoit l'armée royale, dans laquelle fe trouvoient plufieurs braves vétérans qui avoient fi fouvent été vainqueurs fous *Trudo*. Il défit entièrement les rebelles. *Maybou* & plufieurs de fes amis furent tués dans le combat. Les prifonniers qui furent faits dans cette occafion furent *mis à mort*; & le peu qui échappa, n'ayant rien à efpérer de la clémence du roi, & pour éviter les tortures qui les attendoient, fe réfugièrent dans les états voifins, & finirent leurs jours dans l'exil. Il ne paroît pas cependant que le roi eût confervé aucun fentiment de vengeance contre la famille du rebelle; car peu de temps après il donna le grade de *Maybou* à fon frère plus jeune, qui a continué de l'être jufqu'à préfent, circonftance affez extraordinaire dans la conduite de *Ahadée*, dont les exemples de clémence furent très-rares. Pour des offenfes bien moins graves que celle de *Maybou*, lorfqu'un homme commet, ou (ce qui eft la même chofe chez les *Dahomans*) eft accufé d'un

—————————————

(1) Agaou eft le titre du commandant en chef de l'armée du roi, & non le nom particulier d'un individu.

crime pour lequel il eſt condamné à la *mort*
ou à l'eſclavage, ſes biens ſont confiſqués au
profit du roi ; ſes ſerviteurs, ſes parens, & ſes
amis, tous ſont arrêtés ; quelques-uns ſeront
même quelquefois mis à mort, tous les autres
ſont vendus en eſclavage : lorſque l'accuſé eſt
un homme d'importance, dont les relations &
la parenté ſont fort étendues, en les condam-
nant, par rapport à lui, à la mort ou à la ſer-
vitude, l'état ne laiſſe pas que de faire une
perte aſſez conſidérable. C'eſt cependant une ca-
lamité aſſez fréquente, & qui, réunie au carnage
des guerres, a contribué beaucoup à dépeupler ce
pays infortuné.

CHAPITRE II.

LA tranquillité fut rétablie dans l'intérieur du
royaume par la défaite de *Maybou* ; mais les
Foys ne jouirent pas long-temps des douceurs de
la paix ; la deſtruction les menaça d'un autre
côté. Il y a au nord de *Dahomé* un pays aſſi beau
que fertile, & très-étendu ; il eſt habité par un
grand peuple très-guerrier, & qu'on appelle
Eyoes, le fléau & la terreur de tous leurs voiſins.
Les *Eyoes* ſont gouvernés par un roi dont la

puiſſance, il eſt vrai, n'eſt pas auſſi abſolue que celle du tyran de *Dahomé.* Si ce qu'on dit de lui eſt vrai, lorſque le peuple s'offenſe avec raiſon de ſa mauvaiſe conduite, on lui envoie une députation pour lui dire & lui repréſenter que le fardeau du gouvernement l'a tellement fatigué, qu'il eſt bien temps qu'il ſe repoſe de ſes travaux, & qu'il ſe permette un peu de ſommeil; alors le roi remercie ſon peuple de ſon attention pour ſa ſanté, & ſe retire dans ſon appartement, comme pour prendre du repos, & là il donne ordre à ſes femmes de l'étrangler, ce qui eſt exécuté ſur le champ : alors ſon fils lui ſuccède paiſible-ment, toujours ſous les mêmes conditions de de ne tenir les rênes du gouvernement qu'au-tant que ſa conduite méritera l'approbation de ſon peuple.

Les *Dahomans*, pour donner une idée de la force d'une armée d'*Eyoes*, aſſurent que lorſqu'ils vont à la guerre, le général étend le cuir d'un buffle devant la porte de ſa tente, aux deux côtés de laquelle il enfonce dans la terre une lance entre leſquelles les ſoldats défilent juſqu'à ce que la multitude qui paſſe ſur le cuir l'ait uſé juſ-qu'à le percer ; auſſi-tôt qu'il y voit un trou, il préſume avoir ſuffiſamment de troupes pour ſe mettre en campagne. Il eſt poſſible que les *Da-*

homans exagèrent , mais il eſt certain que les
Eyoes forment une nation très-nombreuſe , très-
belliqueuſe , & très-puiſſante.

En 1738 , ils s'emparèrent du royaume de
Dahomé avec une armée à laquelle rien ne put
réſiſter , & ils mirent le pays à feu & à ſang
juſqu'aux portes *d'Abomé ;* les *Foys* avoient
réuni leurs forces dans ce lieu , & attendoient
l'arrivée de l'ennemi qui avançoit en nombre prodigieux.

Les *Foys* , quoique moins nombreux , ne
furent point intimidés ; ils avoient ſervi ſous
Trudo , mais jamais ils n'eurent d'occaſion où
il fut plus néceſſaire de rappeler tout leur courage ; ils riſquoient dans ce moment de perdre
leur patrie & tout ce qu'ils avoient de plus cher ;
auſſi firent-ils toute la défenſe à laquelle on
devoit s'attendre. Deux fois ils repouſsèrent les
Eyoes , & faillirent les défaire entièrement ; mais
de nouveaux ennemis remplaçant ſans ceſſe ceux
qui ſuccomboient , les *Foys* , épuiſés de fatigue,
furent obligés enfin de céder à la ſupériorité du
nombre , & , à la faveur des ombres de la nuit,
ils ſe retirèrent dans Abomé , après avoir tué aux
Eyoes environ le double du nombre de leur propre armée. Leur ſituation fut alors vraiment
déplorable , & ils n'eurent plus devant les yeux

que l'entière deftruction du nom & de la nation
de *Dahomé.*

Abomé eft une très-grande ville entourée d'un
foffé profond , mais fans muraille ni fortifica-
tion qui puiffent défendre les affiégés ; il n'y a
pas même aucune fource d'eau potable, par conféquent elle ne pouvoit pas réfifter long-temps.
Les premiers foins des *Dahomans* pendant la
nuit qui fuivit la bataille , & tandis que les *Eyoes*
étoient trop fatigués pour les en empêcher ,
furent d'envoyer les bleffés , les femmes, & les
enfans à *Zaffa* , ville qui étoit à la diftance
d'environ vingt-cinq lieues , & où étoit alors le
roi, qui, dès la nouvelle de l'iffue malheureufe
du combat , s'étoit immédiatement tranfporté
avec fes femmes & fes tréfors dans une retraite
inacceffible, qui n'eft qu'à quatre heures de chemin de *Zaffa.* Le fentier qui y conduit en eft
extrêmement tortueux & difficile : il n'eft même
connu que de très-peu de Dahomans ; on n'y va
que dans les cas d'extrême néceffité, & lorfque
le roi eft obligé de s'enfuir pour la fûreté de fa
perfonne. Comme il n'y a que la famille royale
qui puiffe prendre un afile dans ce lieu , on regarda comme une marque extraordinaire de
confidération, qu'il fut permis à M. *Grégory,*
gouverneur du fort des Anglois à Juda, qui étoit

alors à *Zassa* dans cette malheureuse circonstance, de partager la retraite du roi. *Agaou*, le général des armées du roi, continua de défendre la place, & amusa l'ennemi jusqu'à ce qu'il fût assuré que le roi étoit en sûreté, & *Zassa* évacuée : alors il profita de l'obscurité de la nuit, conduisit sain & sauf le reste de son armée, dépassa l'ennemi, & s'enfuit, laissant la ville à la merci des *Eyoes* qui la pillèrent & la brûlèrent. Ils en firent autant à *Calmina* & à *Zassa* : ils vécurent dans le pays à discrétion, tant qu'ils y purent trouver à subsister ; & quelques mois après, faute de vivres, ils s'en retournèrent dans leur pays. Si pendant qu'ils étoient engagés à *Abomé*, ils eussent détaché une partie de leur nombreuse armée & attaqué en même temps la ville de *Zassa*, ils se feroient inévitablement rendus maîtres du roi & de ses trésors : aussi, faute de cette vigilance, leur général fut disgracié à son retour.

Les *Eyoes* continuèrent pendant long-temps à harrasser *Dahomé*. Tous les ans ils faisoient de fâcheuses visites à ses habitans. Les *Foys* ne jugèrent jamais prudent de les engager par la suite dans aucune action décisive ; ils se contentoient d'évacuer leurs villes, de se diviser en petites troupes, & de chercher pour eux-mêmes un refuge dans les forêts, où ils s'enfuyoient précipitamment aussi-tôt qu'ils apprenoient l'arrivée des ennemis. Le roi fit tous ses efforts pour obtenir un accommodement, & leur offrit les compensations les plus raisonnables, pour faire cesser les hostilités & les incursions; mais il étoit difficile de satisfaire aux demandes qu'on leur faisoit. Les *Eyoes* réclamoient, d'après un ancien traité, un tribut annuel, dont le payement avoit cessé d'être fait dans les jours prospères de *Trudo*. Les arrérages étoient considérables, & l'on y ajoutoit de nouvelles demandes, à cause de la conquête de *Juda* que les *Eyoes* regardoient comme une source inépuisable de richesses pour le roi ; enfin leurs prétentions étoient si exorbitantes, qu'*Ahadée* trouva impossible d'y satisfaire, & les *Eyoes* continuèrent à ravager le pays pendant plusieurs années, brûlant les villes, détruisant les récoltes, égorgeant un grand nombre de naturels, & en emmenant davantage encore en esclavage. Cependant les *Eyoes* consentirent, en 1747 à un accommodement, & cessèrent leurs hostilités, moyennant un tribut qu'on leur paye tous les ans à *Calmina* au mois de novembre.

CHAPITRE III.

Au milieu de tous les maux que les *Daho-mans* éprouvèrent de la part des *Eyoes* , ils eurent encore à foutenir deux autres guerres fan-glantes (dont chacune dura plus de trente ans) avec les *Mahées* & les anciens naturels de *Juda*, qui, lors de la conquête de leurs pays , en avoient fui , mais qui revinrent alors, aidés du fecours des *Popoes*, leurs voifins.

Le pays des *Mahées* , qui eft d'une étendue confidérable , eft fitué à l'oueft de *Dahomé*, dont il eft frontière ; il eft divifé en plufieurs petits états , gouvernés chacun par des lois particuliè-res, & indépendans les uns des autres. Ces états forment une *république*, & fe réuniffent pour la fûreté commune, lorfque quelque danger menace quelqu'un des confédérés. *Ahadée* avoit provo-qué lui-même la guerre qu'il eut avec eux : ils étoient difpofés à vivre en amitié avec lui ; mais fon caractère turbulent ne lui permettoit jamais de demeurer en paix. Il prétendit avoir droit à partager leurs intérêts nationaux , & infifta fur des changemens qu'il voulut leur faire faire dans leur gouvernement ; & fur ce qu'ils refusèrent de les adopter , il leur déclara la guerre. Il avoit entendu dire dans sa jeunesse que les *Foys* étoient invincibles , & qu'on ne pouvoit pas résister à leurs armes : mais s'il en étoit ainsi du temps de *Trudo* , les malheurs & les disgraces qu'il essuya durent bien lui apprendre à être moins confiant. Il prit donc la résolution d'abolir cette république , & de donner un roi aux *Mahées* ; mais il lui manquoit des talens proportionnés à une telle entreprise. *Trudo* avoit été monarque , homme d'état , général ; il réunissoit tout en sa personne , & combattit toujours à la tête de ses troupes. *Ahadée* , renfermé dans les murs de son sérail , entouré de la foule des ministres de ses plaisirs , habitué à la plus prompte obéissance à ses volontés , & se flattant d'une conquête facile , crut qu'il n'y avoit rien de mieux à faire , pour accomplir son dessein , que de signifier à son *Agaou* , « *que sa maison avoit besoin de* » *chaume* » ; ce qui est la phrase usitée pour donner l'ordre à son général d'aller à la guerre , & qui fait allusion à la coutume de placer les têtes des ennemis tués dans la bataille , ou quelque prisonnier de distinction sur le toit du logement des gardes , situé aux portes de ses palais.

Ahadée prétendoit que ses sujets , obligés de passer au-travers du pays des *Mahées* , pour

aller

aller faire le commerce avec les nations qui étoient au delà, étoient souvent vexés par des taxes très-fortes, impofées arbitrairement par les états qu'on avoit occafion de traverfer; que ces états étoient fi nombreux & leurs fouverains fi avares, qu'il étoit impoffible, dans la fituation préfente des affaires, de régler leurs demandes pour la fûreté future de la propriété de fes fujets; mais que fi toute la nation des *Mahées* étoit gouvernée par *un feul* roi, on pourroit alors faire des traités qui feroient à l'avantage des deux royaumes. Ce raifonnement n'étoit qu'un pur prétexte; car jamais *Ahadée* n'avoit manifefté, dans fa conduite précédente, l'intérêt qu'il montra dans cette occafion pour le bien-être & l'avantage de fon peuple. Le vrai motif qui le faifoit agir étoit le défir qu'il avoit de donner pour roi aux *Mahées* le frère d'une de fes favorites, qui étoit de ce pays; mais les *Mahées* ne voulurent jamais renoncer à leur indépendance, ni fe foumettre à être gouvernés par un tyran, & *Ahadée* perfifta dans fa réfolution. La guerre commença en 1737, & fut continuée avec cette fureur fauvage qui eft ordinaire parmi les nations barbares. Les prifonniers de diftinction furent mis à mort, & les autres furent envoyés en efclavage; cette condition fut encore

C

la meilleure des deux côtés. Il se livra plusieurs combats qui eurent des succès divers ; la victoire fut tantôt pour les *Mahées*, tantôt pour les *Dahomans* ; mais ni les uns ni les autres ne voulurent céder dans leurs prétentions : & il seroit aussi difficile que désagréable de les suivre dans toutes leurs scenes de cruautés.

Le revers le plus facheux qu'essuyèrent les *Mahées* fut en 1752, quinze ans environ après le commencement de la guerre : ils furent battus à plusieurs reprises, & ne purent pas tenir plus long-temps la campagne. Il y a dans leur pays une très-haute montagne, appelée *Boagry*, que la nature a rendue presque inaccessible, & qui est regardée comme une place imprenable. C'est là que se réfugièrent les *Mahées*, avec les débris épars de leur armée. Les *Dahomans* pillèrent & ravagèrent tout le pays sans y trouver d'opposition ; & ayant imposé aux vaincus les conditions qu'ils voulurent, *Agaou* fit camper son armée & investit *Boagry* : il ne manquoit qu'une chose à son camp ; c'étoit la facilité de le quitter ou d'en sortir quand l'occasion l'exigeroit, aussi aisément qu'il étoit difficile d'y pénétrer. Il y eut plusieurs escarmouches entre les assiégés & les assiégeans. Les uns faisoient des sorties fréquentes, les autres essayoient souvent de se faire, par la force, une route vers le sommet de la

montagne. Les *Mahées* plantèrent du blé, & ne
manquèrent jamais d'eau, & furent par-là en
état de se maintenir long-temps sur le *Boagry*.

Il y avoit près d'un an qu'*Agaou* tenoit ce lieu investi, sans avoir pu encore s'a-
vancer beaucoup sur cette montagne, lorsque
le roi, craignant pour l'honneur de ses armes,
envoya à son général tout le secours qu'il put
le procurer à la fois, & lui ordonna de hasarder
tout pour la réduction de *Boagry*, telle que
pût être la perte d'hommes qu'on pût faire dans
un assaut général. *Agaou* étant alors parfaitement instruit de toutes les routes praticables de
la montagne, conduisit ses troupes à cette
entreprise dangereuse, résolu de vaincre ou de
périr. Il attaqua en effet cette place dans tous
les endroits qui en étoient accessibles. Les *Mahées*
firent une résistance opiniâtre, & tuèrent un
nombre immense de leurs ennemis : mais enfin
la bravoure des *Dahomans* & la supériorité de
leur nombre surmontèrent tous les obstacles ; ils
chassèrent les *Mahées* de leurs retranchemens, &
s'emparèrent du sommet du *Boagry*. Il y eut
un carnage affreux, car la fuite n'étoit pas possible : les malheureux qui échappèrent au fil de
l'épée, furent emmenés captifs en triomphe à

Abomé, où les plus diſtingués fûrent mis à mort, & les autres vendus én eſclavage.

Le roi étoit alors en querelle très-vive avec les anciens habitans de *Juda* & les *Popoes*; il avoit beſoin de toutes ſes troupes pour renforcer l'armée qu'il avoit dans ce quartier, c'eſt pourquoi il ſe déſiſta de pourſuivre plus long-temps ſes hoſtilités contre les *Mahées*, & conſentit même à faire une trève avec eux; mais comme elle fut mal obſervée des deux côtés, elle ne fut pas de longue durée. Les *Mahées*, quoique défaits, étoient encore loin d'être ſubjugués; ceux qui s'étoient ſauvés après l'affaire malheu‑ reuſe de *Boagry*, retournèrent dans leur pays, & y furent encore des ennemis formidables, d'autant plus même que les *Dahomans* étoient alors affoiblis par vingt années de guerre nullement profitables.

Les hoſtilités ſe renouvelèrent, & conti‑ nuèrent donc comme auparavant, n'ayant d'autre effet que de ruiner les deux états, ſans produire rien de déciſif. *Ahadée* ne put jamais parvenir à donner un roi aux Mahées, qui ne voulurent jamais s'humilier au point d'en accepter un. Ils réſolurent au contraire de ſe venger de l'affront qu'ils avoient reçu à *Boagry*, en s'emparant de *Dahomé*. Ils pénétrèrent en effet dans une petite forêt qui sépare Dahomé d'*Ardra*, afin d'intercepter par-là tous les secours qui pourroient venir d'*Ardra* ou de *Juda* aux *Dahomans*. Mais la division s'étant mise dans leurs conseils (inconvénient auquel les républiques sont généralement exposées), ils se retirerent encore sans rien faire qui fût digne de la hardiesse & de la sagesse de cette entreprise.

En 1764, l'avantage parut être du côté des Dahomans, qui alors mirent le siége pour la seconde fois devant Boagry, mais n'eurent pas assez de forces pour s'en rendre maîtres. Cependant plusieurs des fils d'*Ahadée* étoient dans son armée, afin d'animer par leur présence les soldats ; *Jupera* même, le plus aimé de tous, y étoit ; son pere l'avoit confié aux soins de l'Agaou, pour l'instruire & le former dans l'art de la guerre. Il y avoit à peu près un an que ce général étoit campé autour de *Boagry*, lorsque le roi, impatient de ce délai, l'accusa de poltronerie, & envoya le *Maybou* pour commander à sa place, avec ordre de procéder immédiatement à un assaut. Quand l'*Agaou* se vit supplanté & disgracié, il jugea qu'il étoit temps de pourvoir à sa sûreté personnelle, sachant combien le roi étoit implacable dans son ressentiment. Ayant en sa puissance *Jupera*, l'héritier préfomptif du royaume, il lui eût été facile de prendre une vengeance cruelle de l'ingratitude de fon maître; mais il eut la générofité de le remettre aux foins de *Maybou*, & fe retira fecretement chez les Mahées, qui le reçurent & le mirent fous leur protection.

Maybou fit une tentative inutile pour s'emparer de la montagne; il fut repouffé avec perte & obligé de lever le fiége: il retourna à Dahomé avec fon armée; &, pour comble de malheur, *Jupera* mourut en route. *Ahadée*, trompé dans fes projets, & incapable en effet de les fuivre plus loin, ne tenta plus aucune expédition de conféquence contre les *Mahées*; & la perfonne en faveur de laquelle il avoit fait toutes ces tentatives infructueufes étant morte quelques années après, les deux partis, également las de fe faire la guerre, firent, en 1772, un traité de paix qui dure encore.

CHAPITRE IV.

Pendant la durée de la guerre contre les *Mahées*, les *Dahomans* avoient trop d'occupation d'un autre côté, pour avoir feulement la liberté de refpirer de leurs travaux. Les anciens naturels de *Juda*, renforcés par les *Popoes*, ne leur laifsèrent pas un moment de repos. Cette guerre fut encore plus ruineufe, s'il eft poffible, que celle des *Mahées*. Les *Dahomans* furent prefque toujours obligés de fe tenir fur la défenfive; & lors même qu'ils parvenoient à mettre l'ennemi en déroute, ils ne retiroient que bien peu d'avantages de leur victoire; car leur pays, environné de marais & de petites montagnes, eft fi bien défendu par la nature, qu'il étoit prefque impoffible de les pourfuivre. Mais il eft néceffaire de faire connoître les motifs de cette guerre.

Lorfque *Trudo*, roi de *Dahomé*, eut fubjugué Ardra & Torée, il fit marcher en 1727 fon armée victorieufe contre les naturels de *Juda*, qui fuirent honteufement devant lui, & qui, fans faire aucune réfiftance, ou tenter même le fort d'une bataille, laifsèrent leur pays en proie au conquérant. Plufieurs furent faits prifonniers & vendus en efclavage, quelques-uns fe rendirent à la merci du vainqueur, & furent admis au nombre de fes vaffaux; mais la plupart s'enfuirent de leur pays, & fe réfugièrent chez leurs voifins les *Popoes*, dont le pays eft frontière de *Juda* du côté de l'oueft, & s'y établirent dans un pays bas & marécageux, environné d'eaux ſtagnantes, & entrecoupé de pluſieurs branches de rivières, qui forment une multitude d'îles, dans leſquels ils firent leur réſidence. Ces réfugiés, aſſiſtés des *Popoes*, avec leſquels ils s'étoient incorporés, & ne formoient plus qu'une même nation, conſervèrent une haîne invétérée contre les *Dahomans*, & tourmentés par le déſir de ravoir leur patrie, ne manquèrent jamais une occaſion de les harraſſer. Le voiſinage où ils étoient de *Juda*, la facilité avec laquelle ils tranſportoient leurs troupes dans des canots à deux milles de *Griwy* qui en eſt la capitale; la ſituation embarraſſante des affaires du roi, dont le royaume étoit déſolé par les incurſions fréquentes des *Eyoes*, & dont toutes les forces étoient le reſte du temps employées contre les *Mahées*, laiſſant alors les frontieres ſans défenſe, tout cela leur donnoit bien des occaſions de commettre avec avantage beaucoup d'hoſtilités. Ils s'emparèrent ſouvent de la côte de *Juda*, dont ils interrompirent le commerce, & ſur laquelle ſe trouvèrent alors pluſieurs vaiſſeaux qui en ſouffrirent beaucoup. Les Européens, que des circonſtances paſſagères ou des établiſſemens plus durables firent trouver ſur cette côte, devinrent leur proie : quelquefois ils firent des incurſions juſqu'à *Griwy*, où les Anglois, les François, & les Portugais ont chacun un fort. S'il arrivoit qu'ils fuſſent attaqués par une force ſupérieure, ils s'enfuyoient précipitamment dans leurs canots, & échappoient ainſi aux pourſuites; car les *Dahomans* ne ſavoient point ſe battre ſur mer, & ne connoiſſoient nullement l'art de gouverner les canots. Il ſe préſenta, en 1741, une occaſion qui, ſi on en avoit ſu profiter, auroit pu terminer les différens à la ſatisfaction du roi & à l'avantage de ſon pays; mais, entraîné par ſon mauvais génie, il la négligea, & ne fit qu'irriter encore plus les naturels de *Juda*.

Ces peuples, dans leur exil, adhéroient encore au ſyſtême de leur ancien gouvernement, & continuèrent à reconnoître un roi pour leur chef : mais il étoit néceſſaire qu'à l'avénement d'un autre monarque, il fût inauguré à *Xavier*, qui avoit été le lieu de la réſidence de ſes ancêtres, & la capitale du royaume de *Juda*, avant ſa conquête. Il falloit encore, pour célébrer cette cérémonie, obtenir la permiſſion d'*Ahadée*, qui en retiroit un avantage, en exigeant un préſent pour accorder la liberté d'y aller. Comme on étoit obligé, dans ces circonſtances, de faire une trève d'hoſtilités, il ne négligea pas néanmoins de tourner encore la choſe à

compte, toute les fois qu'il le pouvoit, en faisant
femer la divifion parmi eux par fes agens, dans
l'efpoir d'en retirer de nouveaux avantages.

Devenir roi de *Juda*, même dans l'état de
rabaiffement où étoit ce royaume, étoit encore
un projet flatteur; & le frère de l'héritier légitime fut ambitieux de ce rang à la mort de fon
père, qui arriva à peu près dans le même temps.
Si *Ahadée* ne fuggéra pas ce deffein, du moins
il l'encouragea, dans l'intention de divifer les
naturels de *Juda*; il lui promit du fecours, &
l'autre, en retour, s'engagea fecretement, à devenir
fon tributaire & fon alié, & de lui payer une
fomme confidérable, s'il parvenoit à monter fur
le trône. Ce fcélérat (comptant fur la protection
d'*Ahadée*), pendant qu'on apprêtoit la cérémonie à *Xavier* pour revêtir fon frère de l'autorité royale, eut l'audace de l'y affaffiner, &
l'adreffe de fe faire nommer roi à fa place; il
mit le comble à cet horrible forfait, en dévorant
le cœur de fon malheureux frère. Cet acte atroce
de barbarie fut la preuve qu'*Ahadée* avoit exi-
gée d'un dévouement illimité à fes comman-
demens.

Quoiqu'un attentat auffi horrible, & les engagemens que l'ufurpateur avoit pris avec *Ahadée*, euffent dû être tenus fecrets, cependant ils

ne laissèrent pas que de parvenir à la connoissance des naturels de *Juda* ; plusieurs d'entre
eux soupçonnèrent ce qui s'étoit passé, & un
grand nombre, au lieu de revenir de *Xavier*,
pour vivre sous un tel roi, restèrent dans le
pays & s'établirent à *Griwy*, sous la protection du fort que les Portugais y ont, & dont
le seigneur *Jean Basile*, homme d'un caractère
doux & engageant, étoit alors gouverneur. Ces
peuples conservèrent une correspondance avec
leurs compatriotes, & leur faisant des rapports
favorables de la conduite du gouverneur & de
leur propre situation, plusieurs anciens habitans
de *Juda* prirent le parti de venir s'établir dans
ce pays, pour éviter les horreurs d'une guerre
civile qui désoloit leur pays. Cinq ou six cents
personnes vinrent fixer paisiblement leur résidence
de cette manière ; & si l'on eût su encourager à
propos cette disposition, il n'est pas douteux
qu'un plus grand nombre encore auroit suivi cet
exemple : mais *Ahadée*, sans attendre une événement aussi désirable, qui auroit pu lui procurer un grand surcroît de sujets utiles & précieux,
se détermina cruellement à tomber sur ces malheureux & les vendit en esclavage. Pour faciliter
son dessein, le roi invita le *seigneur Basile* à venir
à *Abomé*, sous prétexte d'affaires ; mais, dans

le fait, pour tâcher de l'avoir en fa puiffance.
Le gouverneur fe mit en route, & ayant rencontré *l'Agaou* à la tête d'une armée, marchant
directement vers *Juda*, il fut arrêté par ordre
du roi, & on lui fignifia que le feul moyen de
ravoir fa liberté étoit de lui délivrer tous les
naturels de *Juda* qui s'étoient mis fous fa protection. Le gouverneur avoit engagé fa foi & fon
honneur à ces peuples ; & rejetant avec mépris
ces propofitions, il fut retenu prifonnier par le
général, qui continua fa marche vers *Griwy*,
& campa à *Gonnegi*, plaine fituée entre cette
ville & la riviere, afin d'empêcher par cette
pofition que les naturels de *Juda* euffent la facilité de fe retirer dans leur ancien pays. *L'Agaou*,
voyant que le gouverneur étoit déterminé à ne
pas trahir fes protégés, offrit de recevoir une
certaine quantité de marchandifes pour fa ran-
çon : ces propofitions furent acceptées, & les
marchandifes délivrées ; mais il furvint de nouveaux prétextes pour retenir encore le gouverneur, & pour faire de nouvelles demandes. Il confentit encore à payer ce qu'on exigeoit de plus, & envoya un ordre pour qu'on
délivrât d'autres marchandifes. Mais un negre,
l'un de fes principaux ferviteurs, auquel il avoit
laiffé fa garde du fort, s'aperçut qu'on trompoit

fon maître, & refufa d'envoyer encore des marchandifes. Il fit part de fes foupçons aux naturels de *Juda* , qui, ne trouvant aucun moyen
poffible d'échapper , réfolurent de fe défendre
jufqu'à la dernière extrémité. |Ils fe retirèrent
dans le fort , & fe préparèrent à fe défendre de
leur mieux , & à vendre du moins bien cher
leur vie, au cas que la force l'emportât fur eux.
Agaou refta tranquille dans fon camp à *Gon-
negy* pendant environ quinze jours , attendant
peut-être de nouveaux ordres du roi, & fe détermina enfuite à attaquer le fort. Cette place
étoit environnée d'une muraille & d'un foffé profond, avec une trentaine de canons. *L'Agaou*
n'avoit pas d'artillerie ; cependant le 1ᵉʳ. novembre 1741, à la pointe du jour, il mena fes troupes à l'affaut, & attaqua le fort de toute part ;
les affiégés ne furent pas moins courageux à fe
défendre , & firent un carnage prodigieux avec
leurs canons : les *Dahomans* , avec cette bravoure qui les anime dans toutes les occafions,
rétabliffoient leurs rangs par de nouveaux foldats,
à proportion que les autres périffoient, & pour-
fuivirent ainfi l'attaque. Vers midi ,une certaine
quantité de poudre qui étoit dans un des baftions
prit feu, & la flamme gagnant les bâtimens de

toits en toits (qui étoient de chaume), fit des
ravages terribles. Cet accident jeta les afliégés
dans la plus grande confufion, & le comble fut
mis au défaftre par l'explofion du magafin dont
la deftruction entraîna celle de prefque tous les
individus qui étoient dans le fort. Il ne fut pas
difficile alors aux *Dahomans* d'entrer dans les
embrafures ; ils y pénétrèrent en effet prefque
fans oppofition, & pafsèrent tout ce qu'ils rencon-
trèrent au fil de l'épée. Le fidèle ferviteur du
gouverneur qui avoit commaudé les afliégeans,
voyant que tout étoit perdu, ouvrit les portes
du fort, & prenant un baril de poudre fous fon
bras, & de l'autre main faififfant une mèche allu-
mée, courut, plein de rage & de défefpoir,
vers le lieu où étoit *Agaou* ; & s'approchant de
lui autant qu'il lui fut poffible, afin de lui faire
partager fon fort peu mérité, mit le feu au baril,
& fe dévoua avec le courage le plus héroïque.
Celui qui commandoit en fecond fut pris en vie
& mené à *Calmina*, où on le fit rôtir à petit feu.
Ahadée rebâtit enfuite le fort des Portugais, &
défavoua la conduite de fon *Agaou* ; il nia qu'il
lui eût jamais donné ordre de fe conduire comme
il l'avoit fait ; mais quoiqu'il cherchât à jeter fur
fon général tout l'odieux de cette affaire, per-

fonne n'en fut la dupe , & ne prétendit difculper *Ahadée* d'être l'auteur du projet & de l'exécution de cette infamie.

Agaou revenoit de cette expédition , lorfqu'il reçut ordre du roi d'aller châtier les naturels de *Jacquin* , pays qui eft abfolument frontière de Juda du côté de l'eft. C'étoit jadis une place importante , & les Hollandois y avoient autrefois un établiffement. Elle fut conquife par *Trudo* & annexée à fes autres états ; mais les habitans, profitant de l'état embarraffant des affaires du roi , avoient négligé pendant quelque temps de payer le tribut qui leur avoit été impofé. Ce pays, ainfi que celui des *Popoes*, environné de marais & d'eaux ftagnantes, étoit de difficile accès ; & les *Dahomans* ne connoiffoient pas affez les environs, pour être en état d'y faire quelque incurfion ; mais il arriva dans ce temps - là qu'une femme affez diftinguée , appartenant à un chef des *Jacquins* , fe rendit coupable de quelque galanterie, & craignant le châtiment de fon infidélité, elle s'enfuit à *Dahomé*, où , fous la promeffe de la protection du roi , elle s'engagea à conduire fon armée au travers du fentier unique par lequel on pouvoit attaquer les *Jacquins* d'une manière fûre. *Agaou* , dirigé par cette femme , entra dans le pays fans qu'on s'y attendit, & extirpa toute cette nation, sans qu'il pût échapper un seul habitant de tout le pays (1); car ces pauvres gens, environnés de toutes parts par des marais profonds & impraticables, furent pris comme dans une trappe, & pas un ne put échapper.

CHAPITRE V.

Les naturels de *Juda* étoient trop dégoûtés de leur nouveau roi, pour souffrir qu'il régnât long-temps sur eux ; il s'étoit en effet rendu si odieux, qu'il ne lui fut pas même possible de se former un parti pour soutenir ses prétentions ; & n'étant pas en état de payer à *Ahadée* ce qu'il étoit convenu de lui donner à son avénement, il ne put obtenir aucun secours de ce côté-là. Il fut donc obligé d'abandonner un gouvernement acquis par tant d'atrocités, & de se retirer à *Dahomé*, où, après avoir mené une vie errante, & méprisé de tout le monde, il mourut misérablement de la lèpre qu'il avoit contractée à son

____

(1) Adanzou II a envoyé quelques familles en 1777 pour repeupler cet établissement.

retour

retour de *Xavier*, & que les *Dahomans* attri-
buèrent à l'horrible repas qu'il y avoit fait, lorfqu'il y avoit mangé le cœur de fon propre frère.

Tout ce qui fe paffa enfuite ne fervit qu'à ai-
grir davantage les exilés de *Juda* contre *Ahadée*,
& les hoftilités fe renouvelèrent avec plus de
fureur que jamais. En 1743, ils agrandirent le
plan de leurs opérations, & femblèrent lui difputer la poffeffion de *Juda*. Les *Popoes* & tous leurs
autres amis fe réunirent pour leur donner du fecours, & ils attaquèrent le pays de *Juda* avec une
armée puiffante. Leurs deffeins n'avoient pas été
fecrets, mais il étoit hors du pouvoir du roi de les
prévenir. *Dahomé* fut en même temps affailli par
les *Eyos* ou *Yaos*, & tout étoit en confufion ;
l'*Agaou* étoit très-loin avec l'armée, faifant la
guerre aux *Mahées* ; & *Juda*, prefque fans défenfe, étoit démuni en effet de tout fecours mili-
taire : cependant le *Caukaou* (1) fit tout ce que l'on
devoit attendre d'un brave & généreux foldat. Il
leva promptement une petite armée ; *Eubiga*,
le vice-roi, raffembla tout ce qui fe trouva dans
la ville en état de porter les armes, & fe réunit
à lui ; les *Cabocheurs* (2) de *Xavier* & tous leurs
vaffaux augmentèrent fes forces : mais mal-

____

(1) Nom de l'officier qui commande à *Juda*.
(2) Nom des chefs des villages.

D

gré tous fes efforts , *Caukaou* étoit encore infé-
rieur à l'ennemi. Cependant il ne fe laiffa point
intimider ; il connoiffoit fon cœur , & comptoit
fur la bravoure de fes foldats. La crainte n'entra
jamais dans l'ame d'un *Dahoman* , il ne connut
jamais la poltronnerie ; il marcha fièrement à l'ennemi , & le rencontra à environ un mille à l'oueft
du fort des *François.* Les généraux des deux partis
firent chacun à leurs foldats le difcours le plus
propre à les encourager ; chacun déclara à fa
troupe la réfolution qu'il avoit prife , l'un de
conquérir , l'autre de défendre le pays de *Juda.*
Ils burent enfemble , & *Caukaou* vida un verre
à la fanté du roi & au fuccès de fes armes. Il
fouhaita enfuite de ne point furvivre à cette
journée , au cas où elle ne feroit pas heureufe,
mais de périr plutôt comme le verre dans lequel
il venoit de boire , & qu'il brifa en morceaux
en le jetant avec force contre terre. Le fignal fut
donné , & l'on combattit avec acharnement. Tout
ce qu'une adreffe brutale & un courage féroce
peuvent fuggérer , fut effectué des deux côtés ;
enfin *Caukaou* fut tué à la tête de fes troupes,
après avoir fait & reçu des bleffures fans nombre , & s'être diftingué par toutes les qualités d'un
bon général & d'un brave foldat. *Les premiers
en rang font toujours les plus en danger. Eubiga,*

& presque tous les capitaines de son parti subirent le même sort. Les *Dahomans*, privés de leurs chefs, n'ayant plus personne pour les conduire, & accablés par le nombre, furent entièrement mis en déroute.

Le jour suivant l'ennemi pilla *Griwy* sans opposition, & l'incendia. Les habitans s'enfuirent du pays, & laissèrent les naturels de Juda paisibles possesseurs de leur patrie. Ils sommèrent les forts de se rendre, ou du moins de reconnoître leur nouveau gouvernement : mais les gouverneurs continuèrent à rester attachés au roi, & refusèrent d'accéder aux propositions qui leur furent faites par ses ennemis. Les anciens naturels de *Juda* revinrent en foule avec leurs familles dans le pays, & bâtirent une nouvelle ville dans la plaine de *Gommegy*, qui est entre *Griwy* & la rivière, justemement au delà de la portée des canons des forts. Trois longs mois s'écoulèrent depuis la bataille qui avoit été si funeste aux affaires du roi, avant qu'il eût pu recevoir aucune nouvelle des gouverneurs des forts, qui commençoient à éprouver une si grande disette de vivres, que, sans doute, ils n'auroient pu faire bientôt autrement que d'entrer en accommodement avec les habitans de *Juda*, lorsqu'il arriva un message secret de la part du roi , qui les affuroit qu'ils pouvoient compter fur un fecours très-prochain , & les fupplioit de perfévérer encore quelque jours dans fon parti. Ce courrier, après s'être acquitté de fon meffage , fut également éluder la vigilance des naturels, pour s'en retourner auffi fecretement qu'il étoit venu. *Ahadée*, voyant que les forts étoient toujours dans fes intérêts, ne perdit point l'efpoir de rentrer dans la poffeffion qui venoit de lui échapper, & mit toute l'activité poffible à faite toutes les provifions & les préparatifs néceffair.s. Il rappela *Agaou* du pays des *Mahées* , & auffi-tôt que les *Eyoes* lui en donnerent la liberté , en retournant dans leur pays, il raffembla tous les *Dahomans* , & fit monter au nombre de cinquante mille hommes l'armée de fon général. Cette armée formidable fe rendit à Juda dix jours après que le meffager y étoit allé. Comme les naturels ne s'y attendoient pas, ils ne fe tinrent point préparés à la recevoir. Ils furent attaqués, défaits, & chaffés du pays ; ce qui affura de nouveau au roi la poffeffion du royaume de Juda.

Ceffons, pour le moment, de les fuivre dans leurs hoftilités ultérieures , & racontons ce qui fe paffa de plus intéreffant dans l'ordre chronologique de ce temps-là.

CHAPITRE VI.

Ahadée ayant recouvré le royaume de Juda par cet événement heureux, nomma pour vice-roi, ou *Eubiga*, un sujet appelé *Tauga*, à la place du prédécesseur, qui avoit péri avec *Caukaou* dans la dernière bataille sanglante livrée aux naturels de Juda. Ce *Tauga* étoit un homme dont les passions étoient violentes, rempli de vanité, de fierté, & d'ambition. Il avoit un cortège nombreux de domestiques & de courtisans qu'il avoit attachés à sa personne par ses libéralités, & à ses intérêts, en les protégeant dans leurs bassesses, & en les sauvant des poursuites de la justice, en défi de l'autorité du roi. Ses vexations l'avoient rendu odieux dans les garnisons & dans les forts; mais son grand crédit & ses richesses ne laissoient pas que de donner beaucoup d'inquiétude au roi, qui néanmoins ne voulut pas l'attaquer ouvertement, mais préféra attendre une occasion favorable pour se saisir de sa personne, soit par surprise ou par stratagême. Tandis qu'*Ahadée* attendoit le moment propre à accomplir son dessein, *Tauga*, de son côté, ne méditoit rien moins que de s'emparer, lui seul, du royaume de *Juda* ; projet hardi, & qu'aucun motif plausible ne pouvoit justifier ; car étant eunuque dès l'en-fance, il n'avoit point d'enfant à qui il pût laisser l'autorité royale. Le poste auquel il étoit déjà élevé étoit fort honorable, & son opulence étoit si considérable, qu'il étoit à même de pouvoir satisfaire à tous ses désirs, excepté à ceux d'une ambition insatiable. Son projet étoit de s'emparer du fort des *Anglois*, & ensuite de se faire dé-clarer roi. C'eût été sans doute un moyen puis-sant pour parvenir à ses fins, que d'avoir le com-mandement de quelqu'un des forts ; mais il pré-féra le premier parti, d'après l'opinion qui règne dans ce pays, qu'un fort est imprenable. Le lieu où est situé le fort *Wiliams* (1) étoit consacré à des coutumes religieuses & à l'exercice des cé-rémonies sacrées : les divinités qu'on y adoroit autrefois, sont encore supposées le protéger & le défendre ; & par condescendance pour la su-perstition des naturels, les gouverneurs leur ont cédé une maison dans l'intérieur des murs du fort, pour y venir rendre leurs hommages à *Nab-*

____

(1) C'est ainsi qu'on appelle le fort que les Anglois ont sur la côte de *Juda.*

bakou, le dieu tutélaire de l'endroit. Le bonheur a voulu que ce fort échappât à ces calamités éprouvées par les autres places ; circonstance d'autant plus extraordinaire, que le roi de Juda, en s'enfuyant de Xavier, lors de l'invasion que les Dahomans firent de ce Royaume, alla s'y réfugier, & y jouit d'une retraite assurée jusqu'à ce qu'il eût trouvé une occasion pour sortir du pays sans danger. Il semble qu'il n'en falloit pas davantage pour attirer sur cette place toute la vengeance des Dahomans ; cependant ils ne parurent pas en avoir aucun ressentiment, quoiqu'ils pillassent dans le même temps le fort des François, & ensuite celui des Portugais, ainsi que nous l'avons déjà dit : mais le fort des Anglois n'ayant pas éprouvé un semblable désastre, gagna beaucoup dans l'opinion des naturels ; & *Tauga* regarda cette conquête comme étant d'une plus grande importance pour ses desseins que toutes les autres.

Lorsque *Tauga* crut qu'il étoit temps de mettre son dessein à exécution, il tenta, au mois d'août 1745, de surprendre le fort *Wiliams* ou *Saint-Guillaume*, de la manière suivante. Sous prétexte de faire une visite publique aux habitans des differens forts, il donna ordre à un certain nombre de ses gens d'être prêts à le suivre.

D 4

Lorsque le vice-roi fait la visite des forts, il est dans l'usage de se faire accompagner par quatre ou cinq cents hommes, sous les armes, sans compter les musiciens, les porte-drapeaux, les porte-parasols, & autres personnes employées autour de sa personne, & qui montent peut-être encore à plus de cent. Dans la circonstance dont il s'agit, *Tauga* prit pour sa suite tout ce qu'il avoit de mieux parmi ses gens, & ceux sur lesquels il pouvoit le plus compter, comme les plus dévoués à sa personne & à ses ordres. Il espéroit qu'en les introduisant ainsi, selon l'usage, dans le fort, & n'inspirant aucun soupçon, il lui seroit facile de s'en rendre maître. Avant de partir de chez lui, il distribua de la munition à toute sa troupe, & lui ordonna de charger leurs mousquets, ce qui ne laissa pas que de paroître étrange à ceux qui n'étoient pas informés de ses intentions secretes. L'interprète anglois, qui se trouva là par hasard, frappé de cette circonstance, s'échappa secretement, & alla rapporter à M. *Gregory*, le gouverneur anglois, ce qu'il venoit de voir. Les informations que fit faire M. Grégory, confirmèrent ses soupçons ; il en fit usage en pourvoyant à la sûreté du fort, pendant que *Tauga* faisoit sa visite au gouverneur françois. Il fit charger ses canons & fer-

mer les portes avant que le vice-roi fût arrivé;
& quand il vint, il refusa de le laisser entrer
dans le fort, à moins qu'il ne renvoyât les gens
de sa suite. *Tauga* refusa de se soumettre à cette
condition, & protesta contre une pareille exception, comme une insulte sans exemple & une
indignité à laquelle il n'étoit pas fait pour se soumettre. Il menaça, fit tous les sermens possibles,
mais inutilement; le gouverneur ne voulut point
se départir de sa résolution, & *Tauga*, ne trouvant aucun moyen d'introduire ses bandits dans
le fort, s'en retourna chez lui, très-chagrin d'un
pareil désapointement.

Craignant, d'après la précaution extraordinaire du gouverneur, que ses desseins ne fussent
découverts, il commença par se fortifier dans
sa maison. *Ahadée*, en apprenant la nouvelle
de ce qui s'étoit passé, le déclara traître à son roi,
& mit sa tête à prix; on envoya quelques troupes pour l'attaquer, mais il leur livra bataille, &
les défit: cependant, comme le roi continua d'envoyer des renforts, il fut assiégé dans sa maison,
d'où il fit de fréquentes sorties, & quelquefois
avec avantage; mais ses forces diminuoient chaque jour, par la perte que lui causoient les escarmouches, & il ne vit plus de ressources pour se
sauver. Dans sa détresse, il consulta ses prêtres,

qui, après quelques cérémonies superstitieuses, lui dirent que tout son salut dépendoit de pouvoir s'introduire dans le fort des Anglois. C'étoit une chose difficile à exécuter ; il étoit étroitement assiégé par les troupes du roi, & n'étoit pas bien avec le gouverneur, qui, outre l'aversion que lui avoit inspirée sa révolte, n'avoit pas oublié l'insulte qu'il en avoit reçue il y avoit quelques mois. Étant allé à *Abomé* avec les autres gouverneurs, pour se plaindre au roi de la conduite oppressive du vice-roi, *Tauga*, instruit de leurs intentions, alla à leur rencontre sur la route d'*Ardra*, & se saisit de leur personne ; après les avoir retenus prisonniers pendant quelques jours dans une étable , pêle - mêle avec ses chevaux , il les ramena avec lui à *Juda*, très-humiliés & privés de tout moyen d'avoir accès auprès du roi. Dans cette circonstance , le seul parti que lui indiquoient ses prêtres (& qu'ils ne lui avoient probablement conseillé qu'en en sentant toute la difficulté), paroissoit presque impossible ; mais ses affaires étoient désespérées, & il falloit tenter un moyen quelconque de se tirer d'embarras. Il harangua ses amis, implora leur secours, & leur distribua tous ses trésors ; ses soies, ses coraux, son or, tout fut prodigué sans réserve pour les animer à le sauver : ses femmes (car quoiqu'en-

nuque il avoit un férail qui en renfermoit plufieurs centaines) fe joignirent à fes prières , &
il parvint enfin à infpirer à fes partifans une ému-
lation , un attachement , & une réfolution dignes
d'un meilleur emploi ; ils ne voulurent point le
facrifier à leur propre sûreté , qu'ils étoient sûrs
d'obtenir en le livrant à fes ennemis. Ils réfolurent
de fe faire un chemin à travers les troupes du
roi , de conduire leur maître au fort des anglois ,
& là de le recommander à la générofité du gouverneur. Ce parti étant adopté , les femmes , craignant un revers de fortune , & défefpérant de trouver encore un maître auffi indulgent , s'entretuèrent
toutes ; les plus âgées égorgèrent les plus jeunes ,
& fe poignardèrent enfuite. Ce trifte office une
fois achevé , & le feu ayant été mis à la maifon ,
afin de détruire le refte des effets , & qu'ils ne
puffent pas tomber entre les mains du roi , *Tauga*
& fon parti fortirent avec ce qu'il fut poffible
d'emporter de fes tréfors , & s'étant fait jour en
effet au travers des troupes du roi , dirigèrent
leur marche vers le fort des Anglois , d'où l'on
fit feu fur eux , à mefure qu'ils approchoient.
Comme *Tauga* fe retiroit dans le jardin , il reçut
une balle qui mit fin à fa vie & à fon ambition.
Originairement & dans fa jeuneffe captif &
efclave , il avoit eu l'adreffe de gagner l'amitié

d'*Ahadée* qui l'éleva aux premiers honneurs ; mais son insolence, qui étoit insupportable, & son ingratitude envers son bienfaiteur, prouva combien il étoit peu digne des faveurs qu'il en reçut. En le voyant tomber, tous ses partisans se dispersèrent sur le champ ; quelques-uns réussirent à s'échapper hors du pays ; mais le plus grand nombre fut pris & puni comme il le méritoit.

L'attachement des femmes de *Tauga*, qui les porta à se donner la mort dans la crise désespérée de ses affaires, paroîtra peut-être romanesque, sinon incroyable : mais pour en rendre raison, il est nécessaire d'observer que *Tauga* ne gardoit pas ses femmes avec cette sévérité & cette jalousie générale & d'usage dans cette partie du monde. Son sérail n'étoit qu'un superflu nécessaire à la splendeur & à la pompe de son rang, & il avoit la générosité de permettre aux hommes de sa suite de partager avec ses femmes des plaisirs auxquels il ne pouvoit pas prétendre. Un exemple de complaisance aussi rare lui avoit concilié l'affection la plus sincère de tous ceux qui le servoient. Tous les jeunes gens qui étoient dans son département étoient jaloux de servir *Tauga* : il n'étoit pas regardé comme le geolier sévère de son sérail, ni comme l'usurpateur tyrannique du cœur de ses femmes, mais comme le protecteur & l'arbitre généreux de leurs plaisirs les plus doux. Ses femmes ne pouvoient qu'être charmées de jouir d'une liberté qui ne régnoit dans aucun autre sérail, & ne voulurent pas survivre à une félicité qui devoit se terminer avec l'existence de leur maître & de leurs amans, dont la ruine étoit inévitable.

CHAPITRE VII.

Tauga & ses partisans méritèrent assez le sort qu'ils éprouvèrent ; & si *Ahadée* avoit su borner les effets de sa vengeance à ceux qui l'encouroient justement, on eût eu moins à reprocher à son caractère ; mais les motifs de son ressentiment furent rarement bien fondés, tant la disposition de ses sujets à se soumettre aveuglément à ses volontés & à applaudir à ses actions, étoit générale ; mais durant tout le cours de son règne, la sûreté de chaque individu étoit précaire en proportion de son mérite ou de ses richesses : non content d'être l'héritier universel des effets & de tout ce qui pouvoit appartenir à ses sujets quand ils mouroient, il faisoit vendre en esclavage une foule d'innocens pour sub-

venir à ſes dépenſes extravagantes ; & quoique
ces vexations ſe répétaſſent ſelon ſon bon plaiſir
& au gré de ſes fantaiſies, cependant telle étoit
la ſoumiſſion & l'attachement de ces peuples à
leur roi, que perſonne n'oſoit même ſe plaindre.
Il concevoit ſouvent des ſoupçons ſi déraiſonna-
bles, que ceux qui le ſervoient avec le plus de
fidélité, & qui s'étoient diſtingués par leurs exploits & leurs ſuccès, finiſſoient preſque toujours
par devenir les objets de ſa jalouſie & de ſa haîne.
De ce nombre fut *Shampo* qui ſe ſignala dans
pluſieurs occaſions, & obtint un poſte éminent
dans l'armée : il étoit tendrement aimé de tous
les ſoldats, & toutes les bouches s'empreſſoient
à le louer. Tant de mérite ne pouvoit pas manquer d'exciter l'envie du tyran ; auſſi *Ahadée*
prit-il la réſolution de le faire périr. *Shampo*
avoit une ſœur dans la maiſon du roi, qui trouva
le moyen d'être inſtruite du coup fatal dont ſon
frère étoit menacé : il ne lui étoit pas poſſible
d'avoir d'entrevue avec lui, car il eſt défendu
aux femmes du roi de parler à aucun homme ;
mais comme elle avoit la liberté de lui envoyer des
proviſions pour ſa table, elle cacha, parmi l'en-
voi qu'elle lui fit, un couteau & une corde avec
un nœud coulant à l'extrêmité. Son frère n'eut pas
de peine à ſaiſir l'allégorie, & comprit parfai-

tement qu'il étoit condamné à périr , soit par le lacet, soit par le fer. Il sauva ses jours par une fuite précipitée, & fut suivi d'une partie consi-dérable de l'armée dans le pays des *Popoes*, où il fut reçu d'une manière conforme à son mérite. Ces peuples lui donnèrent aussi-tôt le comman-dement de leur armée, qu'il garda jusqu'au jour de sa mort, qui arriva en 1767, après avoir porté jusqu'à son dernier soupir la haîne la plus impla-cable contre l'ingrat *Ahadée*.

Ce même *Agaou* qui avoit attaqué avec tant de bravoure le fort des Portugais , qui avoit recouvré le royaume de Juda, qui s'é-toit emparé de la montage de *Boagry*; ce même *Agaou* qui avoit en quelque sorte relevé la gloire de la nation, & qui avoit possédé autrefois à un si haut point l'estime du roi , qu'après lui avoir prodigué les faveurs les plus grandes, il voulut que tout l'univers fût témoin de la manière dont il honoroit son favori *Agaou*, & lui donna en effet la permission de bâtir une *maison à trois étages d'élévation*, faveur que cependant la modestie du général lui fit refuser; cet *Agaou* enfin qui l'avoit servi avec tant de zèle, & avoit exécuté ses ordres avec tant de succès, fut moins heureux, & devint la victime de sa cruauté.

Les *Dahomans* sont tombés dans un état d'esclavage si avilissant, qu'ils n'osent pas s'asseoir
sur une chaise, parce que c'est un privilége qui
n'appartient qu'aux blancs & à un très-petit nombre de noirs distingués parmi ceux à qui le roi,
par grace spéciale, a accordé cette liberté ; c'est
un crime puni de mort que d'avoir des portes
de planches à sa maison, pour le défendre de
l'intempérie des saisons, ainsi que de blanchir,
pour plus de propreté, l'intérieur du lieu qu'on
habite. Dans le *pays*, c'est une marque extraordinaire de distinction que d'obtenir la permission
de bâtir une maison commode. Mais *Agaou* ne
jouit pas long-temps des faveurs & de la bienveillance de son maître. Un jour il fut arrêté &
mené devant le roi, qui l'accusa d'avoir le dessein
de se retirer de ses états & de suivre le vil exemple
de *Shampo* (qui avoit passé chez les *Popoés*) ;
pour s'enfuir chez les *Mahées*. Rien n'étoit plus
injuste qu'un pareil soupçon, & l'on rapporte
qu'*Agaou*, avec une noble fermeté, lui fit cette
réponse : « J'ai manifesté dans plusieurs occasions
» mon zèle pour votre service, & jamais je
» n'ai trouvé de marche fatigante, ni de com-
» bat hasardeux, quand il s'agissoit d'exécuter
» vos volontés ; mes actions, si souvent cou-
» ronnées par le succès, ont contribué à la
» richesse

» richeſſe & à la gloire de vos états. Quel eſt
» l'inſtant où j'ai pu mériter, par ma conduite,
» d'être expoſé à une pareille accuſation ? Vous
» avez pour gages de la fidélité de votre eſ-
» clave, ma mère qui eſt courbée ſous le poids
» des ans, mes femmes & mes enfans ; tout ce
» que j'ai de plus cher eſt entre vos mains. Dans
» quel lieu & auprès de quel autre maître
» puis-je déſirer d'aller ? J'ai conduit vos armées
» & j'ai ravagé avec elles tout le pays qui nous
» environne. Pouvez-vous penſer que j'aille me
» jeter dans les bras de ceux que mon nom
» fait trembler ? que j'aille me réfugier chez
» des peuples dont j'ai cauſé la deſtruction, &
» que j'ai amenés captifs en triomphe à la porte
» de votre palais » ? Le roi ne lui répondit
qu'en l'exhortant à s'avouer coupable & à s'en
rapporter à ſa clémence royale ? *Agaou* refuſa
de convenir d'une fauſſeté, & fut ſur le champ
condamné à la mort. Le bourreau chargé d'exécuter cet horrible devoir, quoiqu'endurci aux
exécutions de cette eſpèce, fut trop indigné
d'un pareil ordre pour ſe bien acquiter de ſon
emploi ; quand il fallut décapiter un ſi brave
homme, le cimeterre obéit mal à la main trem-
blante qui voulut le frapper, & ne fit que mu-
tiler la malheureuſe victime. On renvoya *Agaou*

en prison, où il fut étranglé. La famille de cet illustre général est si dégradée aujourd'hui, que son fils aîné a été trop heureux de trouver de l'emploi, comme domestique, dans mon comptoir.

CHAPITRE VIII.

LES naturels de *Juda*, secondés par les *Popoes*, & dirigés par les conseils habiles de *Shampo*, devinrent plus redoutables que jamais: ils allèrent à la côte de *Juda*, où ils interrompirent souvent le commerce. Les *Dahomans* ne furent pas toujours heureux dans leurs prétentions sur la côte de *Juda*, & souvent ils furent forcés de s'en retourner après des tentatives inutiles: ils avoient déjà perdu beaucoup de monde dans les escarmouches, lorsqu'enfin leurs prêtres découvrirent que leurs oracles leur avoient défendu d'attaquer sur la côte, mais avoient ordonné de ne pas les ménager entre la plaine de *Griwy* & la rivière; & que le parti qui, le premier, traverseroit la rivière & commenceroit l'attaque, seroit infailliblement mis en déroute. Cette découverte arriva sans doute très à propos pour mettre leur honneur à l'abri, & les justifier de se soumettre à des

Injures que leur foibleſſe ne leur permettoit pas de repouſſer.

Le roi prit enfin la réſolution de faire un der-nier effort pour contenir ces peuples : en effet, en 1753, quelque temps après la priſe de *Bou-gry*, lorſqu'il eut fait, avec les *Mahées*, une trève qui lui donna quelque relâche, il envoya contre eux une nombreuſe armée. Les *Dahomans* avoient fait proviſion de canots, & s'emparèrent de ceux des ennemis : par ce moyen, ils parvin-rent à pénétrer dans leur pays ; mais c'étoit une manière de faire la guerre qu'ils n'entendoient pas aſſez bien. *Shampo*, qui commandoit l'armée confédérée des *Judaïques* & des *Popoes*, fit ſemblant de fuir, pour encourager par-là les *Dahomans* à avancer : peu à peu ils s'égarèrent dans les marais & les rivières, & s'engagèrent dans des pays perdus, où les proviſions com-mencèrent à leur manquer. Cependant ils ne laiſ-sèrent pas que d'aller hardiment en avant, eſpé-rant d'engager l'ennemi à quelque action déciſive ; mais *Shampo* les trompa, & par l'adreſſe de ſes manœuvres il parvint à les attirer dans le défilé étroit & plein de ſable aride qui s'étend depuis *Volta* juſqu'à *Benin*, & qui n'a qu'un demi-mille de large entre la mer & la rivière qui coule parallelement à la côte l'eſpace d'environ deux

cents milles. Ce fut là que les *Popoes* interceptèrent en effet toute fortie aux *Dahomans*, &
firent feu fur eux tout à leur aife depuis leurs
canots ; mais la plus grande partie mourut de
faim. Ils étoient en fi grand nombre (difent les
Popoes, qui peut-être exagèrent), que les poiffons de la rivière, aidés des bêtes & des oifeaux
de proie, ne furent pas capables de les manger
tous, & que leurs cadavres, en pourriffant, cor-
rompirent l'air, & causèrent une pefte dans tout
le pays. Toute l'armée périt dans ce lieu, *à l'exception de vingt-quatre hommes* que *Shampo*
renvoya à *Ahadée*, pour l'inftruire du fort de
leurs compagnons : quand ces vingt-quatre émif-
faires lui eurent fait ce trifte récit, *Ahadée leur
fit fur le champ trancher la tête*, en leur or-
donnant d'aller apprendre aux mânes de leurs
camarades combien il étoit mécontent de la manière dont ils s'étoient conduits dans cette guerre.

L'affaire un peu importante qui eut lieu enfuite, arriva en 1763, lorfque les anciens natu-
turels de *Juda* & les *Popoes* reprirent à leur
tour ce royaume : *Shampo* étoit trop vieux &
trop infirme pour commander l'armée en perfonne ; mais fon fils prit fa place, & fut accompagné de l'élite de la nation des *Popoes*. Ils
s'avancèrent dans le pays fans rencontrer d'cppofi-

tion; car le vieux *Honnou*, qui étoit alors *Eubiga*
ou vice-roi, n'ofa pas hafarder une bataille, mais
refta avec fes troupes dans *Griwy* pour défendre
la ville. Les *Popoes* l'attaquèrent avant qu'il fût
déterminé à engager le combat ; il fut bleffé dès
le commencement de l'action, & emporté hors
du champ de bataille. Le commandement fut
remis à un nommé *Baddely* qui fit une belle
défenfe, mais qui fut obligé de céder à la fupé-
riorité des forces de l'ennemi, & fe retira avec
fes foldats vers le fort des François, dans l'efpoir
d'être protégé par fes canons ; mais il fut trompé
dans fon attente : quoique de ce moment il fût
queftion de l'honneur du roi & de la fûreté du
pays, quoique l'ennemi eût commencé à mettre
le feu aux faubourgs, les François ne firent feu
fur lui qu'avec de la poudre. Cette neutralité, fi
toutefois on peut nommer ainfi cette conduite,
telle politique qu'elle fût, ne fut certainement
pas très-généreufe ; car fi la manière dont *Aha-*
dée traitoit ordinairement fes propres fujets mé-
rita fouvent d'être blâmée, cependant les blancs
n'eurent jamais rien à lui reprocher dans fa conduite envers eux. Il fut toujours refpectueux &
généreux à l'excès à leur égard : dans toutes les
difputes qui s'élevoient entre les François & fes
fujets, c'étoit toujours en faveur des premiers.

qu'il faifoit pencher la balance , pour peu que l'apparence de juſtice fût de leur côté ; & la complaiſance, la civilité, & les égards, avec leſquels ils font univerſellement reçus dans ſes états, font dus encore en grande partie à l'exemple éclatant qu'il en a donné.

Les *Popoes* , encouragés par la conduite des François, avancèrent hardiment. *Baddely* & ſes ſoldats furent obligés de prendre la fuite devant eux : les *Popoes* , quoiqu'ils n'euſſent plus rien à craindre, & qu'ils ſe préparaſſent à brûler les quartiers du vice-roi, avoient à paſſer , pour y aller , au devant du fort des Anglois, où M. *Goodſon*, le gouverneur , ſe diſpoſoit à les bien recevoir , choſe à laquelle ils ne s'attendoient nullement : ſon canon, chargé avec des balles de mouſquet & de la mitraille, fit un grand ravage parmi eux, & les mit tous dans le plus grand déſordre ; ils ne pouvoient avancer, & furent encore quelque temps avant d'avoir la préſence d'eſprit de chercher leur ſalut dans la fuite. Les *Dahomans* profitèrent de cette circonſtance pour ſe rallier, & reçurent très à propos un renfort conſidérable : les *Popoes* les avoient pris en déſavantage, & comme c'étoit la faiſon où l'on sème, le vice-roi avoit permis à la moitié de ſes ſoldats d'aller paſſer la matinée dans leurs plantations : ils

étoient alors de retour, & *Baddely* les conduifit à la pourfuite des fuyards , dont il n'y eut
jamais une défaite plus complète. De trente-deux
officiers généraux , diftingués par de larges parafols portés au deffus de leurs têtes, trente furent
tués fur la place. *Affurey*, le fils de *Shampo* ,
eut le bonheur d'échapper au carnage ; mais fuccombant au chagrin & la honte , il s'affit fous
un arbre, & fe brûla la cervelle ; un feul chef lui
furvécut, pour ramener les reftes difperfés de
l'armée. Le roi avoit bien envoyé fon *Agaou*
avec une armée au fecours de fes fujets, mais il
n'arriva que le lendemain du combat ; M. *Good-
fon* eut donc tout l'honneur de la victoire, ainfi
que le roi en convint lui - même avec reconnoiffance.

Les *Dahomans* , fe trouvant pourtant affoiblis par une longue fuite de guerres dont ils ne
retiroient aucun avantage, ne purent pas fuivre
plus loin leur victoire ; ils fe contentèrent de
chaffer l'ennemi du pays ; & les *Popoes* , ainfi
que les naturels de *Juda* , ayant perdu la fleur
de leur milice & leurs meilleurs généraux dans
cette dernière action , ne tentèrent plus d'entreprife importante après cela , malgré que de légè-
res hoftilités fuffent exercées pendant plufieurs
années : ils fe bornèrent fimplement à piller quel-

ques cantons, & à faire des incurfions fur la côte de *Juda*, où les effets des blancs qui fe trouvoient à terre ou à même de s'embarquer, tombèrent entre leurs mains. Heureufement qu'en 1772 il fut fait, fous la médiation de *Leonel Abfon*, gouverneur du *Fort William*, un traité de paix à l'avantage des deux partis, qui, après quarante ans de guerre, jouiffent actuellement des bienfaits & des plaifirs de la fociété, & d'un commerce qui n'eft plus traverfé par des troubles cruels. Cet habile gouverneur met tant de foins à cette affaire, & maintient avec tant d'exactitude l'accompliffement des articles de ce traité de la part des deux partis dont il eft également refpecté & regardé comme l'arbitre le plus impartial, que, tant qu'il continuera à furveiller ces peuples, une paix folide ne peut manquer de régner entre eux.

Ahadée, accablé par les années & les infirmités, ne s'engagea plus dans aucune affaire digne d'être rapportée, après ce que nous venons de dire. Il mourut le 17 mai 1774, & eut pour fucceffeur *Adanzou* II, qui eft encore fur le trône.

VOYAGE

A LA COUR

DE BOSSA-AHADÉE,

ROI DE DAHOMÉ,

ÉCRIT EN 1772.

Juda, royaume autrefois floriſſant & indépendant, mais aujourd'hui province maritime de
l'empire *Dahoman*, eſt ſitué à l'eſt de la Côte d'Or;
entre les rivieres *Volta* & *Benin*. La rade dans
laquelle les vaiſſeaux qui y vont faire la traite mettent à l'ancre, eſt à 6 degrés 27 minutes de latitude ſeptentrionale. La violence des briſans contre le rivage rend toujours la deſcente à terre
difficile & dangereuſe, ſouvent même imprati-
cable pendant pluſieurs ſemaines de ſuite. On ne
peut mettre à terre qu'avec des canots que les

vaiffeaux prennent à la *Côte d'Or* ; chacun de ces canots eft gouverné par dix-fept *Fantis* qu'on loue au *Cap de la Côte* ou *Elmina* ; les *Fantis* font des hommes actifs qui entendent parfaitement la conduite des bateaux, & qui s'en retournent dans le pays d'où ils viennent, lorfque le capitaine qui les a pris à fon fervice a fini fes affaires.

Grigues ou *Griwy*, capitale de cette province, située dans une plaine fablonneufe, à environ trois milles de la mer, eft une grande ville très-étendue qui contient environ huit mille habitans. C'eft le lieu de réfidence du vice-roi, qui eft affifté dans fon commandement par deux autres *Cabocheurs* & un autre officier de rang diftingué. Les François, les Anglois, & les Portugais ont chacun un fort dans le lieu, & plufieurs comptoirs commodes pour faciliter le commerce des capitaines des vaiffeaux marchands qui y vont acheter chaque année cinq à fix mille efclaves.

Mes affaires exigeant que j'euffe une entrevue avec le roi, je m'adreffai au vice-roi pour avoir le nombre d'hommes néceffaires pour m'accompagner; il me donna en effet un interprète, fix hommes pour les hamacs, dix porteurs, & un chef pour commander cette troupe : ce chef étoit refponfable de la

conduite des autres: mes propres domeftiques, &
quelques autres.qui accompagnoient le capitaine,
& qui étoient armés, formoient une caravane de
trente perfonnes.

Les porteurs ayant reçu leurs paquets, qui con-
fiftoient, outre un matelas, en un petit coffre
pour mettre des habits, quelques provifions, &
des liqueurs pour mon ufage, un ou deux barils
d'eau-de-vie que je leur avois deftinés, quelques
facs de *coris* (monnoie courante du pays) pour
les frais de la route, & quelques pièces d'étoffes
de foie que je deftinois à des préfens ; je les fis
partir dès la pointe du jour ; je me mis enfuite dans
mon *hamac*, & je commençai mon voyage à
Abomé le 1 février 1772, à fix heures du matin.

En paffant par la place du marché, j'y trouvai beaucoup de monde raffemblé ; & aperce-
vant parmi la foule quelques larges parafols, je
conclus que le vice-roi & fes cabocheurs étoient
de la troupe. Surpris d'une affemblée auffi ma-
tinale, j'envoyai mon domeftique pour en favoir le motif ; mais avant qu'il fût de retour,
un meffager du vice-roi, qui m'avoit vu arriver,
vint me trouver & me dire que fon maître
défiroit me parler avant mon départ. Je le trouvai à même de dreffer la fentence de mort d'une
femme coupable, qui me parut d'un âge moyen,

& qui étoit à genoux devant lui au milieu d'un cercle formé par les gens de sa suite. Je demandai qu'on lui sauvât la vie, & je me flattai, d'après la circonstance qui lui avoit fait demander que je lui allasse parler, que l'offre que je ferois d'acheter cette criminelle pour esclave, seroit acceptée; mais je me trompai : le vice-roi me dit que le roi lui-même avoit eu connoissance de cette affaire, & avoit arrêté la sentence « par » laquelle on devoit couper la tête à la cou- » pable, & la mettre au bout d'un pieu ». Ce pieu étoit déjà auprès d'elle, & elle avoit été forcée de l'apporter elle-même depuis *Abomé* jusqu'au lieu de son supplice.

Pendant cette conversation, une petite fille, poussée par la curiosité & ne sachant ce qu'elle faisoit, se fit jour au travers de la foule, & reconnoissant sa mère, courut à elle avec joie pour la féliciter de son retour. La pauvre femme, dit : « Va-t-en, mon enfant, ce lieu n'est pas » ta place ». Et on l'emmena sur le champ. Le vice-roi procéda à l'exécution de la sentence que la pauvre malheureuse s'entendit réciter avec une indifférence apparente, passant, d'un air distrait, entre ses dents, une paille qu'elle avoit ramassée par terre au devant d'elle. Lorsque le vice-roi eut rempli sa charge, en recommandant aux spectateurs l'obéissance, la soumission, & le respect que le roi exige de tous ses peuples, le patient reçut de la main d'un des exécuteurs, sur le derrière de la tête, un coup d'assommoir qui le terrassa, & un second bourreau lui sépara la tête avec un coutelas. Alors on mit cette tête sur un pieu au milieu de la place du marché, & le corps fut assi-tôt porté & jeté hors de la ville, pour être la proie des bêtes féroces & des oiseaux de proie.

La femme qu'on venoit d'exécuter étoit une de celles qui tiennent de petites boutiques dans le marché ; quelques jours auparavant, s'étant apercue qu'on lui avoit volé quelques bagatelles, elle avoit pris un bâton, dont le bout étoit en feu, & l'agitant au dessus de sa tête (coutume ordinaire dans ce pays), elle s'étoit écriée à haute voix : « Que celui qui a pris ce » qui m'appartient, meure, s'il ne me le rend » pas, & s'éteigne comme le feu qui est au » bout de ce bâton ». Tout en faisant cette cérémonie, une étincelle avoit tombé sur le chaume desséché des cabanes, & avoit mis le feu au marché.

Cette circonstance désagréable m'ayant retenu pendant une demi-heure, je continuai ma route. Le pays, quoique plat, est néanmoins très riant

à la vue ; il eſt preſque tout défriché ; une grande
partie eſt cultivée, & l'on y rencontre quelques
fois des bouquets d'arbres élevés & chargés
de fruits, qui forment des boſquets très-agréa-
bles. Au bout d'une heure & demie de marche,
nous nous trouvâmes près de la ville de *Xavier*,
qui eſt environnée de plantations d'ignames,
de patates , de blé & autres denrées , dont le
marché ſe tient exactement à *Grigues*.

C'étoit le lieu de réſidence des Rois de *Juda*,
pendant que le royaume étoit dans l'indépendance, avant la conquête de *Dahomé* en 1727,
& les François, les Anglois, les Hollandois,
& les Portugais y avoient des forts & des comptoirs dont dépendoient ceux qui étoient à *Grigues*. Lors de l'événement, il furent abandon-
nés, & les canons emportés par le conquérant
Guadja-Trudo, & diſtribués dans les palais qu'il
poſſede à *Ardre*, à *Calmina*, & à *Abomé*. Il n'en
reſte aujourd'hui d'autres traces que les foſſés
qui les environnoient. On peut encore diſtinguer
le lieu où étoit placé le palais des rois de
Juda , par le foſſé qui l'entouroit. L'endroit
eſt actuellement recouvert d'arbres élevés, & regardé comme ſacré par les repréſentans de cette
famille infortunée, qui vivent en exil avec le
reſte de leurs compatriotes dans le voiſinage de

Popoé; & lors de fon avénement au gouvernement de fes rares & pauvres vaſſaux, le nouveau roi eſt obligé de fe rendre dans ce lieu
pour y être inauguré.

Tous les écrivains qui ont donné la defcription de ce pays, vantent fes beautés naturelles
& la fertilité du fol; on affure qu'avant qu'il
eût été conquis, il étoit fi peuplé, que la terre
étoit regardée comme propriété particulière; &
que les habitans, d'après leurs grands avantages
dans le commerce (ce lieu étant le principal
entrepôt d'une vaſte portion de l'intérieur du
pays), paſſoient pour abonder en richeſſes. Une
anecdote du dernier roi de *Juda*, que j'ai entendu rapporter par les vieillards du canton,
confirme, juſqu'à un certain point, leur opulence.

Lorſque le capitaine *Ogle* (après fir *Cha-
loner*) fut envoyé, en 1772, dans le vaiſſeau
de guerre le *Swallow*, à la côte d'Afrique,
pour chercher *Roberts* le pirate, il defcendit à
Juda, & inſtruifit le Roi du motif de fon meſ-
fage. Le fouverain lui dit, « que s'il pouvoit
» fe faifir de ce fcélérat de *Roberts* qui avoit
» long-temps infeſté cette côte, il lui donne-
» roit cinquante-fix livres de poudre d'or »,
lui montrant une pièce de fer du poids d'un
demi quintal, qui étoit auprès de lui, & qui

devoit déterminer la quantité par fa pefanteur.
Le capitaine *Ogle* rencontra *Roberts* & lui
prit fon vaiffeau le *Royal Fortuné* , au *cap
Lopez*. *Roberts* fut tué dans le combat : on
fit le procès aux pirates, & on les condamna à
mort à la *côte du cap* , où la plupart d'entre
eux furent exécutés ; on en emmena cependant
une demi-douzaine à *Juda*, où ils furent pendus ;
& le roi *remplit* fa promeffe , en donnant au
capitaine *Ogle* la riche récompenfe qu'il lui avoit
promife.

Nous ne nous arrêtâmes point à *Xavier*,
les porteurs de hamacs préférant nous cahoter
environ cinq milles par heure, felon leur coutume , & fe relever chacun à leur tour. Nous
mîmes deux heures pour aller de *Xavier* à *Torée*,
petite ville, mais relais commode, & dont les
habitans retirent quelque bénéfice des rafraîchif-
femens que les voyageurs prennent chez eux.
Elle eft féparée de la province de *Juda* par
une jolie rivière, rapide & profonde, dont les
rives font couvertes de grands arbres & d'une
grande quantité de taillis épais qui forment
un abri commode pour les éléphans , dont le
nombre eft très-confidérable dans ces cantons.

Cette rivière bornoit autrefois au nord le
royaume de *Juda* ; lorfque les *Dahomans* la tra-
versèrent,

versèrent, au lieu de difputer le paffage, ou de rifquer une bataille pour défendre leur pays, les naturels de *Juda* fe contentèrent bêtement de placer, avec beaucoup de cérémonie, le fétiche ferpent fur la route, pour empêcher l'armée d'avancer ; voyant leur attente trompée, ils crurent que toute autre réfiftance feroit vaine, & fuirent avec précipitation devant le conquérant. Nous traversâmes la rivière fur un pont paffablement folide, formé par des piles en bois placées à des diftances convenables, & couvertes de fagots & de claies.

Ce fut dans cet endroit que nous atteignîmes nos porteurs ; & les hommes chargés de nos hamacs, défirant prendre un peu de repos & de rafraîchiffement, je pris le parti de m'amufer à me promener dans la ville pour la vifiter. Quoique mon deffein fût d'aller feul, je m'aperçus cependant que j'étois fuivi par mon capitaine ; je lui dis que je n'avois pas befoin qu'il m'accompagnât dans ce moment, & qu'il étoit libre de refter avec fes compagnons ; mais il me répondit, que « les *Torées* étoient un peuple d'une efpèce » affez fingulière & d'un caractère affez méchant, » & que répondant de ma sûreté fur fa tête, » il ne me laifferoit pas aller feul parmi des » hommes qui avoient la coutume de manger

» leurs femblables ». Quoique je fuffe perfuadé que fes craintes pour moi étoient affez mal fondées, cependant, pour ne le pas inquiéter, je retournai vers ma caravane, en réfléchiffant fur les préjugés que des peuples qui ne font pas à la diftance de plus de vingt milles, ont fur le compte de leurs voifins.

Lorfque les porte-hamacs fe furent un peu repofés, & eurent fait un léger repas, nous nous remîmes en marche, & nous avançâmes vers une petite ville appelée *Azouay*, où nous arrivâmes au bout d'une couple d'heures ; la route étoit belle, mais entre ces deux endroits il n'y a ni établiffemens ni plantations ; & comme le pays étoit couvert de bois épais & d'herbes fi fournies & fi hautes qu'elles dépaffoient nos têtes, l'air ne pouvoit pas circuler ; je trouvai la chaleur fi exceffive, d'autant que le foleil étoit alors fous le méridien, que quand nous fûmes arrivés à *Azouay*, je confentis très-volontiers à ce que me proposèrent mes gens, de fufpendre mon hamac à l'ombre d'un arbre touffu, pendant qu'ils iroient fe baigner dans la rivière qui étoit auprès, ce qui les rafraîchit infiniment. Après avoir ainfi repris haleine, nous avançâmes vers la ville d'*Ardre*, où nous arrivâmes au bout de deux heures.

Ardre fut autrefois la capitale d'un grand & puiffant royaume qui s'étendoit depuis le *Volta* jufqu'à *Benin*. Cette ville eft fituée agréablement fur une éminence dont la pente eft douce & le fol *graveleux*. Il croît aux environs un nombre prodigieux de palmiers qui ajoutent infiniment à la beauté du coup-d'œil , & qui fourniffent aux habitans une grande quantité d'huile qu'ils portent au marché de *Juda* dans de grandes calebaffes qui contiennent chacune depuis vingt jufqu'à quarante ou cinquante pintes. Le roi & plufieurs perfonnes diftinguées de fa cour y ont des maifons ; mais ils s'y rendent rarement , & ce lieu n'eft plus de beaucoup ce qu'il étoit autrefois.

Je fus conduit dans des appartemens d'une maifon appartenante à un des officiers du roi , & qui font deftinés & difpofés pour recevoir les blancs qui voyagent, & un homme, chargé d'en avoir foin & de les entretenir, vint m'offrir un vafe rempli d'eau fraîche , & un pot de bière du pays, appelée *Pitto* , faveur à laquelle je répondis en rendant une bouteille d'eau-de-vie.

Nous réfolûmes de paffer dans ce lieu le refte du jour , & ma fuite ayant dépofé le bagage dans mon appartement, & préparé mon lit en suspendant le hamac de coton dans lequel je voyageois, & y mettant un matelas pour passer la nuit, s'en alla dans les quartiers qui lui étoïent préparés, & me laissèrent, dans le silence & la retraite, me refaire des fatigues du jour; je ne fus point du tout interrompu par la curiosité indiscrète des gens de la ville pendant le reste du temps, & je passai la nuit dans la plus parfaite sécurité, sans avoir même fermé le verrou de ma porte. Cependant mon sommeil fut fréquemment interrompu par les cris, les mugissemens, & les hurlemens des bêtes sauvages, particulièrement des *jakals*, appelés par les naturels *Tou,touys*, qui, comme si c'eût été entre eux une police régulière, ne cessèrent de roder dans la ville durant toute la nuit. Ces animaux sont féroces & voraces, de la taille à peu près d'un gros dogue, mais beaucoup plus forts dans toutes leurs parties, particulièrement dans leurs mâchoires, leurs dents, & leurs membres, qui sont singulièrement robustes : leurs pattes sont fort larges & armées de griffes redoutables. Ils quittent les bois, qui sont leur retraite, peu de temps après que la nuit est venue, & vont courir en troupe dans les villes & les plantations, pour y chercher leur nourriture. Tout animal domestique qui n'est pas en sûreté dans la mai-

fon, ou du moins renfermé par de hautes murailles, devient leur proie à coup sûr ; mais faute
de ce qu'ils aiment le mieux, ils s'accommodent
de tout ce qu'ils trouvent ; & quand ils ne peuvent pas avoir de meilleure nourriture, ils dévorent toute efpèce de faloperie. J'ai fouvent trouvé
dans l'eftomac de ceux qu'on avoit tués, des morceaux entiers de calebaffes qui avoient jadis fervi
à contenir de l'huile, ainfi que des morceaux de
cuir de vache, defféchés, qui avoient fervi à
couvrir les rouleaux de tabac de Portugal. Ce
font ces animaux fur-tout qui dévorent les cadavres des crimine's qui ont été exécutés, ou des
victimes humaines immolées dans les fêtes publiques.

Ils font habiles à découvrir les corps morts
qui font enterrés, & les tirent de leur tombe :
ils fe réuniffent plufieurs à cet effet ; & quand
ils ont leur proie devant eux, ils fautent & ca-
briolent de joie à l'entour pendant quelque temps
avant de la dévorer. Lorfque quelqu'un de ces
animaux a trouvé lui feul quelque butin, il
change l'horrible hurlement dont il fe fert
quand il eft en quête, en un autre cri défagréable, mais moins affreux, par lequel il invite fes
camarades à venir partager avec lui ; c'eft par
le même cri qu'ils annoncent la découverte de

quelque tombeau , & qu'ils appellent les autres pour les aider à en ôter ce qu'il renferme.
Je n'ai jamais vu d'exemple où ils aient
attaqué une vache sans avoir commencé d'abord
par la saisir par la tétine ; & à *Juda*, où ils sont
en grand nombre , j'ai vu souvent des vaches
qui leur avoient échappé , en perdant cette
partie , lorsque les gens des environs étoient
promptement accourus dans l'endroit où les piteux
mugissemens de ce pauvre animal appeloient leurs
secours. Je suis surpris que M. de Buffon n'ait
pas dit, que quoique le *Jackal* ait une grande
ressemblance dans la figure avec le loup & les
espèces canines, il en diffère cependant par un
endroit frappant : c'est qu'il n'a que deux ma-
melles qui sont placées sur la poitrine l'une à côté
de l'autre, comme chez les singes (1).

____

(1) Les parties de la génération sont conformées si
singulièrement chez ces animaux , qu'on a peine à
distinguer celles du mâle d'avec celles de la femelle.
*Mirifica pudendorum forma extat. A fæmina mas
haud facile dignosci potest. Latitant penis ac testes in-
tùs, subter cutem hypogastricam. Per foram en effluit
urina; penisque in coitu detruditur. Tantam autem
rima labiis muliebribus profert similitudinem, ut,
specie primâ, valdè ambiguum sexus estimetur, &
quasi hermaphroditicum.*

Le royaume *d'Ardre* avoit déjà perdu de son étendue & de sa puissance par la révolte & la séparation de plusieurs provinces, avant qu'il fût attaqué par les *Dahomans*, sous *Quadja-Trudo* en 1725. Cependant les naturels firent une résistance opiniâtre, & perdirent, dit-on, cinquante mille hommes dans une bataille qui fut livrée auprès de cette ville, & qui dura *trois jours* avant qu'ils fussent vaincus.

Le jour suivant (2 février) nous nous remîmes en marche de très-bon matin, & nous continuâmes notre voyage au travers d'un pays très-agréable. Après avoir traversé deux villages, nous nous arrêtâmes pour déjeûner dans une ville appelée *Havée* : ce lieu n'est pourtant pas d'une grande importance, quoique le roi y ait une maison. Nous ne nous y arrêtâmes que le temps nécessaire pour nous rafraîchir, & nous avançâmes vers *Whybou*, où nous arrivâmes vers les dix heures. Nous y fûmes très-bien reçus par un vieux & hospitalier cabocheur qui me fit préparer un excellent repas, & donna à tous les gens de ma suite de très-grandes preuves de sa libéralité, en leur faisant faire une chère aussi-bonne qu'abondante. Ce bon vieillard se nommoit *Jabrakou* ; il avoit fait la guerre dans sa jeunesse, & s'étant acquis de la réputation

dans les armes, il eut pour récompenſe le gouvernement de cette ville. Je m'aperçus que c'étoit
un excellent chaſſeur : il me dit qu'il n'aimoit
pas les animaux domeſtiques, mais que la chaſſe
lui fourniſſoit des mets plus variés & plus déli-
cats. Il me montra ſon garde-manger qui étoit
copieuſement fourni de buffle, de bêtes ſauves
de différentes grandeurs & eſpèces, de ſanglier,
& d'*Agouti* ou *Chat ſauvage*; il me preſſa de
prendre ma part de toutes ces choſes pour mon
voyage, & quoique je l'euſſe remercié, n'en
ayant aucun beſoin, cependant, au moment de
mon départ, il me força d'accepter une couple de
volailles délicates de Guinée, qu'il avoit, dit-il,
ordonné qu'on fit rôtir pour mon ſouper. J'eus
beaucoup de peine à obtenir de lui qu'il acceptât en échange un petit préſent ; il s'obſtina
même à le refuſer juſqu'à ce que je lui euſſe pro-
mis de paſſer quelques jours avec lui à mon
retour, pour faire enſemble une partie de chaſſe.

Je me rappelle que M. *de Buffon* (1) dit que

---

(1) Le pays intérieur de l'Afrique eſt ſi peu connu,
qu'il n'eſt pas étonnant que ſes productions aient été
ignorées de M. de Buffon, qui n'en a pu parler que
d'après les mémoires imparfaits qu'on a ſur ce continent.

l'Agouti eſt particulier au nouveau monde, &
qu'on ne le trouve qu'en *Amerique*. Ce ſont des
animaux qui vont en troupeaux, & qui ſont en
grand nombre dans cette partie de *l'Afrique*.
C'eſt un manger très-recherché par les naturels.
Le *Chat ſauvage* (nom par lequel le diſtin-
guent les négocians anglois de cette côte) approche beaucoup, par la longueur de ſon corps,
de celle d'un lièvre parvenu à ſa pleine croiſ-
ſance, & n'eſt guère qu'un peu plus gros. Quand
le corps eſt dépouillé de ſa peau, il paroît tout
enveloppé de graiſſe de même qu'un cochon. Sa
queue eſt courte & point touffue ; je ne me rappelle
plus du nombre de ſes griffes ; mais ſes pieds
ſont petits & ne paroiſſent point formés pour
creuſer dans la terre ; les pattes de devant ſont
moins longues que celles de derrière, & ſes
oreilles ſont courtes & arrondies. Les jeunes gar-
çons qui les prenoient & me les apportoient
pour les acheter, me diſoient que leur coutume
étoit de guetter & d'attendre ces animaux dans
leurs retraites, matin & ſoir ; qu'on les voyoit
preſque toujours en compagnies (ou probablement en familles) de quinze ou de vingt, ſe
ſuivant les uns les autres dans le même ſentier ;
qu'ils laiſſoient d'abord paſſer ceux de devant,
qu'alors ils attaquoient avec des bâtons l'arrière

de la troupe, & que par cette manœuvre ils en faisoient deux ou trois prisonniers. Quand je leur demandai la raison pour laquelle ils n'attaquoient pas d'abord les conducteurs, ils me répondirent que dans pareil cas les assaillans seroient exposés à la fureur de tous ceux qui suivoient, & que leur morsure étoit très-cruelle. Je fus d'autant plus porté à le croire, que ces animaux ont deux dents incisives très - formidables à la mâchoire supérieure ; mais en n'attaquant que ces derniers, il n'y avoit presque pas de danger, parce que ceux qui étoient déjà passés continuoient leur marche, sans s'inquiéter du sort de leurs compagnons. Le museau de l'*Agouti* (excepté que la lèvre supérieure est divisée comme celle du lièvre) ressemble beaucoup à celui d'un rat, la mâchoire supérieure s'avançant beaucoup au dessus de l'inférieure ; son poil, au lieu d'être doux, est extrêmement rude ; c'est un crin très - dur & très-roide, & qui tient si légèrement à la peau, que pour peu qu'on y touche, on l'en sépare. Cet animal a la faculté de hérisser ses crins qui sont d'une couleur brune *obscurcie par des taches plus brunes encore.* C'est sur l'autorité des capitaines Portugais du *Bréfil*, que je pense que cet animal est l'*Agouti* ; car ils m'ont assuré qu'il est absolument semblable à ceux qui sont

ſi communs dans ce pays, & les capitaines François qui ont été à *Cayenne*, ſont du même avis.
L'*Agouti* d'Afrique eſt très-gras, & ſa chair a un
goût huileux & fort, quand on ne l'a pas détruit
par la fumée, préparation qui la rend extrêmement agréable au goût (1).

____

(1) Piſon (hiſt. nat. lib. 3.) dit qu'il y a dans le
Bréſil cinq eſpèces de lièvres, dont l'*Agouti* eſt
la troiſième. L'*Agouti* de *Juda*, par ſa taille &
les taches de ſa peau, paroît avoir plus de reſſemblance
avec le *Paca*, qui eſt le ſecond de la chaſſe qu'il fait
de ces animaux. L'*Agouti* d'Amérique eſt plus petit;
ſes oreilles ſont courtes & rondes; ſes pattes de derrière ſont armées de ſix griffes, & celles de devant
de quatre ſeulement. Quand il mange, il tient ſa
nourriture entre ſes pattes de devant, & s'aſſied ſur ſes
hanches, comme l'écureuil. La femelle met bas trois
fois par an, & chaque portée eſt de dix-ſept petits.
Le *père Labat*, dans ſon voyage aux iſles de l'A-
mérique, en donne une figure dont le deſſein n'eſt pas
exact; mais ſa deſcription eſt très-correcte; il parle
de trois eſpèces obſervées dans les îles *Caraïbes*. *Pierre
Martyr* en attribue le même nombre à l'île de *Saint-
Domingue* : c'étoit la nourriture ordinaire des Indiens,
qui appeloient cet animal *uti* ou *outi*, nom très-peu
différent de celui d'*Agouti*, qu'on lui a donné dans le
continent.

Un fait aſſez curieux, c'eſt que cet animal eſt com-

Après avoir paffé le refte du jour avec mon vieux ami , je partis pour *Appoy*, où, pour fe

---

mun à *l'Afrique* & à *l'Amérique*. Suppoferons-nous qu'autrefois ces deux continens étoient réunis, ou que dans des temps antérieurs aux traditions que nous avons, il y a eu entre les deux hémifphères des relations & des rapports de navigation? On répondra à la première objeƈtion, que l'éléphant & autres quadrupèdes de *l'A-frique* n'ont jamais été vus en Amérique (autant que peuvent nous l'apprendre les recherches fur l'hiftoire naturelle), foit par les Indiens aborigènes ou par les premiers Européens qui découvrirent cette contrée; & que *l'Amérique*, à fon tour, poffede des animaux qu'on ne fache pas encore exifter en *Afrique*, tels que le *Tamandua*. Les navigateurs, à la vérité, peuvent avoir tranfporté d'un pays à un autre de la race des petits quadrupèdes les meilleurs à manger, comme *l'Agouti*, par exemple. C'eft un fujet qui prête à un très-grand nombre de difcuffions hafardées , mais fur lequel il n'eft pas poffible, quant à préfent, de rien établir de pofitif.

Le père *Labat*, qui étoit amateur de bonne chère, & qui avoit même des connoiffances dans l'art de la cuifine, nous a donné une reçette pour la meilleure manière d'accommoder cet animal. Il nous dit « qu'il » faut d'abord l'échauder avec du lait comme un cochon, » & que quand on le deftine à être mis à la broche, » il faut avoir grand foin de lui remplir le ventre » d'une bonne farce, compofée de freffure de cochon,

rendre , il faut une heure & demie de marche;
j'y logeai , & dans une maison que le roi a fait
arranger , & qu'il entretient pour recevoir les
blancs. J'étois arrivé à la partie la plus désagréable , & vraiment la plus fatigante du voyage, &
je jugeai nécessaire de prendre quelque repos avant
de me remettr·   route. C'est ici que commence la g.....ue forêt dont le chemin qui la
traverse est si étroit, si tortueux, & si mauvais,
qu'il est impossible de s'y faire porter en hamac,
même dans le moment où je voyageois , & qui
est la saison la meilleure & la plus sèche de
l'année.

Nous entrâmes dans la forêt le 3 février à trois
heures du matin , à la faveur d'un beau clair
de lune & d'un ciel très-serein. Notre capitaine
des gardes disposa ses gens de manière à en placer une partie en devant & l'autre sur l'arrière,
avec des mousquets chargés , pour nous défendre
contre les attaques des bêtes féroces dont abonde
cette forêt redoutable : deux porteurs de hamacs

» mêlée avec des jaunes d'œufs, de fines herbes , &
» des épiceries. J'en ai mangé, dit-il, plusieurs fois
» accommodé de cette façon & d'autres manières ; j'ai
» toujours trouvé que c'étoit un mets excellent & d'une
» digestion facile ». Tome III, page 15.

portoient à chacun de mes côtés des lanternes allumées, sur lesquelles les naturels comptent beaucoup pour effrayer les animaux dangereux : toute la troupe chantoit & crioit aussi fort qu'elle pouvoit, soufflant dans des trompettes & tirant de temps en temps des coups de fusil. Tout ce tapage, réuni au babil des singes, excita, à notre approche, le caquet des perroquets, les rugissemens des bêtes sauvages, les cris des éléphans cachés dans l'épaisseur des bois, & forma la plus horrible cacophonie que l'on puisse imaginer.

Après une marche fatigante de cinq heures, nous arrivâmes à *Agrimé*, petite ville située du côté opposé à la forêt. Nous y fîmes une halte pour y déjeûner, & nous reprîmes ensuite notre route pour nous rendre à *Calmina*, où nous arrivâmes au bout de deux heures. *Calmina* est une grande ville qui peut contenir environ quinze mille habitans. Le roi y fait souvent sa résidence, & y a une maison très-spacieuse, qui occupe, avec toutes ses dépendances, presque autant de terrein que le *parc Saint-James*. Ce lieu est entouré d'une haute muraille de boue, & forme à peu près un carré. La première fois que j'y allai, j'en mesurai un côté qui a *mille sept cents pas* de long ; dans le centre on rencontre une grande porte, & un corps-de-garde très-vaste, sur le toît duquel sont exposés plusieurs crânes de prisonniers de guerre.

Je fus introduit à *Calmina* dans les appartemens de la maison du *Maybou*, & j'y reçus un messager de sa part, avec des complimens de félicitation sur mon heureuse arrivée ; il désira savoir aussi dans quel temps je me proposois de faire mon entrée à *Abomé*, & si je voudrois consentir à être reçu en cérémonie par les grands officiers de la cour? L'étiquette, en ces cas-là, consiste en ce que le premier ministre & autres personnes de haute distinction vont avec un cortége nombreux, & sous les armes, au devant de la personne qu'on reçoit. Cette troupe exécute différens exercices militaires, & fait quelques décharges de mousqueterie, après quoi les chefs descendent & reçoivent l'étranger sous l'ombrage de grands parassols ; ils lui présentent d'abord un gobelet d'eau fraîche, & ensuite un petit verre d'eau-de-vie qui est bu à la santé du roi : alors ils marchent à pied & accompagnent jusqu'à la ville celui auquel il rendent ces honneurs.

Je refusai cette marque de distinction, comme ne s'accordant pas avec la fatigue que j'éprouvois ; je renvoyai le messager, chargé de mes

complimens pour ſon maître, & je reſtai dans
ce lieu juſqu'au ſoir. Pendant ce temps-là une
vieille dame de la maiſon me prépara un dîner
excellent, qui me fut ſervi d'autant plus à propos, que les porteurs chargés de mes proviſions
n'arrivèrent pas aſſez tôt, à cauſe de la fatigue
qu'ils avoient éprouvée dans la traverſée de la
forêt.

Je partis de *Calmina* à cinq heures du ſoir,
& continuai ma route vers *Abomé*, où j'arrivai
au bout de deux heures. Le pays intermédiaire
eſt peu couvert d'arbres, & le chemin, qui eſt
d'ailleurs très-beau, étant élevé, on découvre
le pays adjacent, & l'on jouit des points de
vue les plus agréables. Je remarquai que toutes
les terres étoient bien cultivées, & qu'on y ſé-
moit particulièrement du blé & des légumes
pour l'approviſionnement des villes voiſines. A
moitié chemin, entre *Calmina* & *Abomé*, il y
a une maiſon de campagne appartenante au roi,
& un village appelé *Dahouy*, qui étoit l'ancienne réſidence de ſa famille, & la capitale de
ſon petit territoire, avant qu'elle fût ſortie de
ſon obſcurité originaire, lorſque ſon ancêtre,
Tocodonou, au commencement du dernier ſiecle,
s'empara de *Calmina* par trahiſon, & d'*Abomé*
par la force des armes ; ce qui fut la ſource &

le

le principe de la grandeur de l'empire de *Da-homé.*

A mon arrivée à la porte d'*Abomé*, je fus salué de quinze coups de canon, & conduit dans les appartemens des blancs, dans la maifon du *Maybou* : fon intendant m'attendoit avec un préfent de la part de fon maître, & qui con-fiftoit en un pot d'eau fraîche, un pot de *pitto*, & quelques volailles. Le *Maybou* parut bientôt accompagné par *Eubiga*, le vice-roi de *Juda*, & vint me féliciter, de la part de fon maître, de mon heureufe arrivée, & de ce que j'avois fait ma route fans accident, ou fans en avoir été incommodé : ce compliment fut fuivi d'un préfent de la part du roi; favoir, d'un mouton, de quelques volailles, de deux jarres de *pitto*, de deux corbeilles de farine de froment, d'une callebaffe d'huile de palme, d'une de fel, & d'une bouteille d'eau-de-vie.

Comme j'ai eu occafion de citer le nom de *Maybou*, il me paroît néceffaire d'expliquer quel eft fon emploi & celui de quelques officiers qui feront introduits. Le premier miniftre eft ap-pelé *Taméga* ; il eft le premier officier civil de l'état, & a fon rang immédiatement après le roi : c'eft la feule perfonne de fes états à laquelle il ne peut pas faire trancher la tête quand il lui

plaît. Il est du devoir du *Taméga* d'aider le roi
de ses conseils , & de partager avec lui les travaux du gouvernement. Lorsque le roi meurt ,
c'est lui qui , avec le *Maybou* , a le pouvoir de
nommer celui des fils du défunt qui doit succéder à la couronne : quoique ce soit le fils aîné
qui soit regardé comme l'héritier présomptif &
légitime du royaume , cependant , si les deux
ministres ne le croient pas digne de monter sur
le trône , ils ont le droit (comme nous l'avons
déjà dit) de conférer la souveraineté à celui des
autres frères auquel ils croient un mérite & des
talens supérieurs. Celui qui tient le premier rang
après le *Taméga* est le *Maybou* ; il est également conseiller du roi , & remplit encore les
fonctions de maître de cérémonies; il est le directeur ou surintendant des fêtes publiques qui se
donnent à la cour, & c'est lui qui est chargé du
soin de tous les étrangers qui vont à *Dahomé* ,
soit Européens , Maures , ou ambassadeurs Nègres
des états voisins. Le *Taméga* & lui jugent les
affaires criminelles , & l'un de ces deux ministres
est presque toujours avec le roi pour l'informer
de tout ce qui se passe. On appelle *Agaou* le
commandant en chef de l'armée, & *Eubiga* le
vice-roi de *Juda*. La traduction littérale de ce
titre est *capitaine des hommes blancs*. Le *Jahou*

eft le grand-maître des écuries ou grand palefre-
nier ; il eft chargé du foin des criminels, & obligé
d'être témoin des châtimens qu'on leur inflige ;
il a encore la furintendance des plantations
deftinées à fournir les provifions de la maifon
du roi , & il eft obligé de veiller à ce que les
femmes qui cultivent les jardins ne foient point
pareffeufes à remplir leur devoir. Voilà les principaux perfonnages du royaume. Les places ne
font point héréditaires , c'eft le roi qui les donne
à celui qu'il veut le plus favorifer , & à qui il
croit le plus de talens pour les bien remplir.

On s'occupoit dans ce moment à la cour d'une
très-grande fête qui dure plufieurs femaines, &
qui eft appelée *« les Coutumes annuelles ».* C'*eft
lorfque le roi va arrofer les tombeaux de fes
ancétres avec le fang de plufieurs victimes
humaines.* Les gouverneurs de *Juda* font invi-
tés à s'y rendre , & font alors un préfent qui
doit confifter au moins dans une pièce de damas
des Indes , ou de quelque autre belle étoffe de
foie. Le vice-roi de *Juda* & les gouverneurs des
différentes villes & provinces font également
obligés de fe rendre à cette fête avec leurs préfens, & d'y rendre compte de leur conduite, &
de toutes les circonftances dont il plaît à fa
majefté de s'informer. Ceux qui s'en acquittent

à sa satisfaction, ont l'honneur de recevoir quelques marques de son approbation, & il la té-
moigne, en général, en leur donnant une large
étoffe de coton, fabriquée dans le pays *d'Eyo*,
dont le travail est très-beau, & qui se porte en
manière de surtout ou de manteau. Les marchands ou négocians noirs, & même chaque
chef de famille, sont obligés de venir passer quelques jours à cette fête, & d'apporter une quantité de *coris* proportionnée à leurs facultés &
aux circonstances : chacun d'eux tâche de faire le
plus beau présent qu'il lui est possible. Ce présent n'est dans le fait qu'une *taxe* véritable, puisque celui qui ne la feroit pas seroit réprimandé
ou peut-être même puni. Ils sont tous accompagnés de leurs domestiques, & les jeunes gens
d'entre eux qui désirent prendre une compagne,
apportent chacun les épargnes de leur industrie,
si elles peuvent monter à cinq *cabés*, ou vingt
mille *coris*, qu'ils déposent à la porte du palais du
roi ; ils se prosternent alors dans la poussière,
supplient qu'on leur donne une femme, & presque toujours leur demande leur est accordée. On
prend les femmes par la main, on les fait sortir du palais, on les distribue à ceux qui désirent en avoir, & l'on reçoit en retour leurs *coris*.
Chacun doit prendre la femme qui lui est assi-

gnée ; ſoit vieille ou jeune, belle ou difforme,
il n'a pas le droit de refuſer. J'ai ſu que quelquefois les femmes du roi, qui ſont les agens dans
cette affaire, ſe plaiſent à jouer des tours malins
aux jeunes gens, en leur donnant leur propre
mère en mariage. Ils ſont obligés de la garder,
en attendant que leurs facultés les mettent à
même d'eſſayer ſi, dans une autre occaſion, le
ſort les favoriſera davantage.

Le principe politique qui a donné lieu à cette
méthode de faire les mariages, eſt, que « *les*
» *parens n'ont aucune eſpèce de droit ni de*
» *propriété ſur leurs enfans dans le territoire*
» *de l'Empire Dahoman,* & *que tous les enfans*
» *appartiennent au roi* »; ils ſont enlevés très-
jeunes à leurs mères (1), & diſtribués dans des
villages éloignés du lieu de leur naiſſance, où ils
demeurent juſqu'à ce que le roi veuille ſe les ap-
proprier, ſans eſpoir d'être jamais revus ou du
moins reconnus de leurs parens. Le motif de

______

(1) Quelle coutume barbare ! Si la fertilité de l'Afrique & les richeſſes que ce continent offre aux Européens doit les engager à y former des établiſſemens,
quels motifs plus puiſſans peuvent-ils réunir aux vues
d'intérêts, que l'eſpoir & la certitude d'y porter la
civilation, d'y rétablir la nature dans tous ſes droits ?
(*Note du Traducteur.*)

cette coutume barbare eſt, qu'il ne doit point exiſter de liaiſons ou d'arrangemens de famille, aucune aſſociation qui puiſſe porter atteinte à la puiſſance illimitée du ſouverain. De là vient que chaque individu eſt iſolé, ſans rapport ni al-liance, & que n'ayant aucune relation qui puiſſe l'intéreſſer, il n'a d'inquiétude que pour ſa ſûreté perſonnelle, qu'il ménage par la ſoumiſſion la plus abjecte & la plus vile obéiſſance. A peine connoît-on dans ces lieux la tendreſſe paternelle & l'amour filial ; à peine les plus doux ſentimens de la nature y exiſtent-ils. Les mères, au lieu de chérir leurs plus tendres émotions, s'efforcent d'étouffer le penchant qu'elles ont à aimer un enfant qu'elles ſavent devoir leur être enlevé auſſi-tôt qu'il peut ſupporter la fatigue d'être tranf-porté loin d'elle.

Quand la fête annuelle *des Coutumes* arrive (fête à laquelle tout individu doit ſe rendre, à moins de maladie), chacun étant immédiate-ment ſous la puiſſance du roi, ceux qui ont été coupables de quelques fautes ſont arrêtés ſans aucun trouble, & ſouvent on attend juſqu'à cette époque pour juger les petites offenſes ; mais lorſqu'il s'agit de ces crimes qui méritent une prompte punition, comme d'avoir eu quel-que familiarité imprudente avec les femmes du roi, d'avoir volé ou exercé quelque ſortilège, on envoie au coupable une efpèce de meffager appelé *mi-tête* (parce qu'ils ont une moitié de la tête rafée , & qu'ils ont la liberté de laiffer croître leurs cheveux fur l'autre dans toute leur longueur ; coftume qui , joint avec une demi-douzaine de cordons de dents humaines qu'ils paffent de l'épaule droite en travers fur la poi-trine & le dos , pour les fixer au genou gauche , leur donne un air fort extraordinaire). Les meffagers, ou efpèce d'huiffiers , écoutent le récit de l'affaire devant le magiftrat de la ville , & fi l'offenfe eft prouvée, ils emportent avec eux la tête du coupable dans un fac , pour prouver au roi que la fentence a été exécutée , ou bien ils le conduifent dans la capitale , pour y recevoir le châtiment auquel il eft condamné.

C'eft auffi à cette époque que le roi s'informe particulièrement de la conduite de fes efclaves, dont le plus vil de tous a , dans cette occafion, accès auprès de lui ; s'il a quelque plainte à faire, fi on lui a fait quelque injuftice , il peut s'adreffer directement au fouverain , en public ou en particulier : cette méthode met un frein à la conduite des perfonnes puiffantes , & les empêche fans doute d'opprimer leurs inférieurs. On voit en effet rarement dans ce pays des exemples d'injures perfonnelles ; car , comme tout le monde eft esclave du roi, ceux qui jouiffent d'un rang plus élevé ont égard à la manière dont ils traitent leurs compagnons d'efclavage, de peur d'encourir la difgrace de leur maître commun : d'après cette crainte, dans les querelles entre égaux, on fe contente de fe témoigner réciproquement fon indignation par des invectives, & rarement on en vient aux coups, de peur de bleffer un *efclave du roi*, ce qui auroit de fâcheufes conféquences pour l'agreffeur.

On me permit de refter dans mon appartement un jour entier après mon arrivée, & je n'y fus point interrompu, excepté que vers le foir un vieillard me vint demander la permiffion d'entrer ; il s'approcha avec beaucoup de refpect, & me montra une petite calebaffe qui contenoit quelques cailloux qu'il renverfa par terre ; les ayant enfuite arrangés & comptés, il me fit remarquer qu'il y en avoit quinze ; je me rappelai que c'étoit le *nombre des coups de canon* qu'on avoit tirés la veille au foir ; je compris alors que c'étoit le canonnier, & je lui fis préfent d'un *fac de coris* & d'une bouteille d'eau-de-vie ; je lui témoignai enfuite le défir de voir fon artillerie ; il confentit volontiers à me la montrer, & me conduifit dans un lieu découvert dans la ville, où je trouvai vingt-deux canons de deux livres

de balle, & deux de fix fans aucun affût, nullement difpofés pour la défenfe , mais placés
tout fimplement fur deux morceaux de bois , pour
les tirer dans les réjouiffances publiques, ou pour
des faluts particuliers.

La ville eft grande, & peut contenir environ
vingt-quatre mille habitans. Elle eft bâtie fans aucun ordre , ou du moins fans égard à la régu-
larité ni à l'alignement des rues. Un certain
nombre de petites cabanes pour les femmes, &
un ou deux portiques ombragés pour le maître,
le tout enclos d'une haute muraille de torchis,
forment l'arrangement & toutes les commodités
de chaque famille. *Dahomé* eft fitué dans une
plaine aride & graveleufe, & n'a d'autre eau que
celle d'un petit ruiffeau qui eft à deux milles de
diftance, ce qui rend cet article fort cher. Ce font
des femmes qui la portent dans des pots de terre
& la vendent en ville. *Dahomé* eft entouré d'un
foffé large & profond , mais n'a point de for-
tifications ; on ne peut pas même s'apercevoir
de ce que font devenues les terres qui ont été
le réfultat de l'excavation , à moins qu'on les ait
employées à conftruire les murailles de boue des
maifons. Il y a quatre ponts de bois qui traverfent le foffé dans différens endroits, & chacun a un corps-de-garde où il y a quelques foldats en fentinelle.

Le roi a dans la ville deux maiſons appelées *Dahòmé* & *Gringomé* , & une autre hors ville, qui s'appelle *Dampogé* ; elles ont à peu près les mêmes dimenſions que celle qui eſt à *Calmina*, & ſont, comme elle, entourées d'une *muraille de boue* d'environ vingt pieds de haut. En paſſant devant le corps-de-garde qui eſt à la porte de la maiſon de *Gringomé*, je remarquai un grand nombre de crânes humains, fixés ſur de petits pieux qui en hériſſoient le toit : c'étoient les têtes des priſonniers de guerre. De chaque côté de la porte il y avoit une pile au moins de cinquante crânes humains chacune ; à quelques pas de là, en face de la porte, il y avoit un petit échafaud d'environ dix pieds de hauteur, ſur lequel étoit à peu près une douzaine de têtes de victimes infortunées qui avoient été immolées peu de jours avant pour la célébration d'une fête.

A mon retour, je reçus un meſſage de la part du roi, pour me prévenir qu'il déſiroit me voir le lendemain matin dans ſa maiſon de *Da-homé*. Je me préparai donc à cette viſite, en faiſant déballer une très-belle chaiſe à porteurs & un orgue portatif que j'avois fait apporter de *Juda*. J'envoyai ces deux objets le matin, de bonne heure, au palais, par mes porteurs, & je les fuivis le 5 févrrer à dix heures, accompagné de mon interprète. Je fus reçu à la porte par le *Maybou*; il y avoit à chaque côté du feuil une tête d'homme *récemment coupée*, pofée fur une pierre plate, la face en enbas & l'extrémité fanglante du cou tournée vers l'entrée. Il y avoit dans le corp-de-garde environ quarante femmes, armées chacune d'un moufquet & d'un fabre, & vingt Eunuques avec des verges de fer poli dans leurs mains. L'un d'eux fe détacha pour aller annoncer mon arrivée. Le *Maybou*, marchant à pas lents devant moi, me conduifit, en paffant par la premiere cour, à une porte auprès de làquelle étoient deux autres têtes fraîchement abattues : là, il fe profterna & baifa la terre. Une femme alors ouvrit la porte, & nous entrâmes dans une feconde cour dont les deux côtés étoient formés par de longs portiques ombragés. C'eft là où nous fûmes joints par le *Taméga* & l'*Eubiga*, qui, avec le *Maybou*, fe mettoient fouvent à genoux, pendant que nous traverfions cette cour, dans laquelle on avoit rangé fix têtes humaines; ils s'arrêtoient de temps en temps pour baifer la terre, en prononçant avec refpect, à haute voix, quelques-uns des titres de fa majefté. De ce lieu nous pafsâmes, par une troifieme porte, dans la cour où le roi

étoit affis fur un beau fauteuil de velours cramoifi, orné de franges en or, placé fur un tapis,
fous un portique fpacieux & frais, qui occupoit
un des côtés de la cour. Il fumoit du tabac,
& avoit un chapeau bordé d'une dentelle en or,
avec des plumes d'autruche. Il étoit vêtu d'une
large robe de damas cramoifi affez riche, & dont
il s'enveloppoit ; il avoit des pantoufles jaunes,
mais il lui manquoit des bas : plufieurs femmes
étoient occupées à l'éventer, & d'autres à lui
chaffer les mouches avec un petit balai. Une
femme étoit à genoux devant lui & tenoit une
taffe d'or dans laquelle il crachoit.

Lorfqu'on eut ouvert la porte qui conduifoit
dans cette cour, le *Taméga* & fes deux compagnons fe profternèrent fur le champ, roulèrent
leur front dans la pouffière, baisèrent plufieurs
fois la terre, & s'approchèrent du roi en ram-
pant fur les genoux & les mains, fe profternant
fouvent le vifage contre terre & jetant la pouf-
fiere à pleines mains fur leur tête : quand même
il eût tombé beaucoup de pluie auparavant, cette
cérémonie n'en eût pas moins été exécutée.

Après avoir falué le roi, on me conduifit à un
fauteuil à quelques pas de lui ; & après avoir
bu un petit verre d'eau-de-vie à fa fanté, & lui
un autre à la mienne, il s'informa de celle de

son frere *George, roi d'Angleterre*, & me fit
quelques questions concernant mon voyage. Nous
conversâmes ensemble par le moyen de mon
domestique qui servoit d'interprète , & du
Maybou, qui d'abord baisoit la terre avant d'oser
répéter à mon domestique les paroles du roi ;
coutume qui s'observe toujours dans tous les
lieux du royaume, de même qu'en la présence
de sa majesté ; toute les fois qu'une personne a
occasion de répéter ce que le roi a dit, ou de
délivrer quelque ordre ou quelque message de sa
part. Après avoir causé un certain temps, il me
pria de lui faire entendre l'orgue que j'avois apporté, & parut en entendre les airs avec beaucoup de plaisir. Je lui expliquai ensuite la manière de se servir de la chaise à porteurs, que
je lui dis être plus commode que les hamacs
dont il se servoit ordinairement. On fit entrer
alors une demi-douzaine *de valets de chambre* du
hamac, marchant à quatre pattes, &, selon son
désir, je me mis dans la chaise à porteurs, &
leur ayant enseigné comment il falloit faire,
chacun d'eux me porta à son tour, jusqu'à ce
qu'ils me parussent assez au fait de la chose.
Alors le roi s'y mit lui-même, & se fit porter
plusieurs fois autour de la cour, au milieu des
cris & des acclamations de ses ministres, de

ses femmes, & des *valets de chambre du hamac*. La voiture étoit assez élégante ; elle étoit couverte en maroquin rouge, & doublée de soie blanche. Il en fut dans l'enchantement, & se divertit beaucoup à en ouvrir & fermer alternativement les rideaux, qui lui parurent une invention des plus ingénieuses ; enfin dans la joie & les transports de son ame, il fit venir quelques eunuques pour remplacer les porteurs de hamacs ; & la porte qui conduisoit du portique à ses appartemens ayant été ouverte, il se fit porter par eux chez ses femmes, pour leur montrer le beau présent qu'il venoit de recevoir. J'obtins alors la permission de me retirer, & ses *gentilshommes* s'en allèrent aussi de la même manière qu'ils étoient entrés, c'est-à-dire, très-humblement à quatre pattes. Je finis ma journée par faire l'emplète de trente-deux esclaves.

Le lendemain (6 février), le roi me fit demander s'il me seroit agréable de venir voir quelques divertissemens qu'on devoit donner à la porte de son palais, à *Gringomé*. J'acceptai d'autant plus volontiers, que j'avois appris que l'*Agaou* (le général) étoit revenu la nuit précédente d'une expédition contre les *Mahis*, & avoit amené quelques prisonniers sur lesquels je désirois prendre quelques informations. Je trouvai le *Taméga* ;

le *Maybou* , l'*Eubiga* , l'*Agaou* , & le *Jahou*
assis sur des tabourets placés sur des peaux de
léopards à la porte du roi, & garantis du soleil
par des parafols. On m'arrangea de la même
manière : un peuple très-nombreux s'étoit assem-
blé , mais je vis que ce n'étoit pas le moment
ni le lieu pour faire des affaires ; je m'amusai
donc à voir les distorsions bizarres & les danses
antiques de cette foule qui s'animoit au son de
divers instrumens qui formoient une musique
vraiment enragée. Tout au milieu de cette fête,
fi un homme venoit à glisser , à faire un faux
pas , & à tomber , ce qui est regardé comme
d'un mauvais présage , le pauvre malheureux
étoit aussi-tôt enlevé hors de la foule & déca-
pité , fans que cela interrompît la danse, qui
continuoit comme s'il ne fût rien arrivé. Vint
ensuite une troupe d'environ cent cinquante
femmes , dont les mouvemens & les grimaces
étoient encore plus comiques, s'il est possible ,
que celles que je venois de voir. Cette bande
étoit composée de courtisanes qui font ce métier par ordre du roi : c'est une précaution que
le gouvernement prend pour empêcher que la
paix des familles soit troublée , & qui est
peut-être plus nécessaire dans cet état que
dans aucun autre ; parçe que *l'adultère* y est

puni févèrement , & que toute efpèce d'indif-
crétion de galanterie expofe les délinquans à
la *mort* ou à *l'efclavage*, fur - tout dans un pays
où la majeure partie des femmes appartient
aux hommes d'un rang diftingué qui les renfer-
ment dans leurs maifons. Le férail du roi en
contient trois ou quatre mille ; fes principaux
officiers en ont depuis un cent jufqu'à trois ou
quatre chacun , & les perfonnes d'un rang moins
élevé depuis fix jufqu'à vingt. Ce partage inégal,
dans lequel les droits de l'homme font enfreints,
& leurs befoins trop mal calculés, fait que la plus
baffe claffe du peuple ne peut pas avoir de compagne (1) ; mais il y a dans chaque ville un certain nombre de femmes publiques , proportionné
à fa grandeur , lefquelles font obligées de fe
prêter aux défirs du premier qui lui fait des
offres : le prix de leurs faveurs eft réglé & mo-

------

(1) Quelle prodigieufe fécondité que celle des Africains, puifque, malgré les entraves que leur gouvernement
met à leur population, on leur enlève chaque année plus de
cent mille invidus pour la culture de nos Colonies !
Et combien les Colons ont tort de ne pas favorifer chez
eux les naiffances en proportionnant les fexes, en s'op-
pofant au libertinage de leurs nègres, & en ne les fur-
chargeant pas de travail ! (*Note du Traducteur.*)

déré ;

déré ; & quoique ces pauvres créatures payent tous les ans une taxe très-forte que dans ce moment même elles venoient apporter au roi, néanmoins, en joignant à leur principale occupation celle de vendre de la petite bière & d'élever de la volaille, elles font encore des profits qui les mettent en état de vivre, & je fuis porté à croire qu'il y a dans le monde des malheureufes de la même profeffion encore plus à plaindre que celles là.

Tel plaifir que je puffe prendre à confidérer ce bizarre tableau, il fut troublé par la remarque que me fit faire officieufement mon domeftique, de fept chevaux & de fept hommes attachés par les mains & les pieds à de grands poteaux fixés dans la terre ; ils devoient refter ainfi jufqu'à la nuit d'avant la fête prochaine, où alors ils devoient avoir la tête tranchée, ainfi que leurs chevaux : ces malheureufes victimes, quoique convaincues du fort qui les attendoit, ne laiffoient pas que de prendre plaifir à la mufique, en cherchant à en battre la mefure. Je quittai bientôt ce lieu où j'avois trop à fouffrir, & je pris congé de la compagnie ; mais je n'allai pas loin avant d'être prefque fuffoqué par une puanteur infupportable ; je regardai autour de moi, & je m'aperçus qu'elle provenoit de la putréfaction de *trente-*

deux têtes de chevaux, & de trente-six têtes d'hommes qui avoient été massacrés dans les deux fêtes précédentes, non pour avoir commis aucun crime, mais comme un sacrifice à la grandeur mal entendue du roi , & conformément à un *usage immémorial.* Dirigeant ensuite mes pas vers la place du marché , j'y trouvai à l'entrée deux gibets d'environ vingt pieds de haut, à chacun desquels un homme nu & massacré étoit suspendu par les pieds ; à l'autre extrémité du marché, il y avoit deux autres gibets offrant le même spectacle. Ces pauvres malheureux avoient été mis à mort à coups de massue qu'on leur avoit donnés sur la tête, & on leur avoit retranché entièrement les parties naturelles afin de ne pas offenser la délicatesse des femmes qui avoient passé en procession au dessous de ces cadavres dans une fête qui avoit été donnée huit jours auparavant. Les oiseaux de proie dévoraient leurs entrailles, & en faisoient leurs repas. Les naturels contemploient tout cela sans la moindre émotion, admirant seulement la grandeur du roi qui pouvoit les défrayer de la dépense de ces sortes de spectacles. J'observai que dans le marché, la viande des *chiens* y étoit mise en vente, ainsi qu'à *Juda* , en commun avec celle des autres animaux.

Le 7 février , je me rendis de très - grand matin à la porte du palais de *Dahomé*, pour y voir paffer en proceffion les femmes du roi, qui fortirent au nombre d'environ fept cents, vêtues proprement , & qui dansèrent à la parade qu'on fit devant le corps-de-garde , & où un grand nombre d'hommes fous les armes étoit rangé à une certaine diftance, pour empêcher la populace d'approcher. Quand ils fe furent retirés , *l'Agaou* s'avança avec environ cinq mille hommes fous les armes, exécutant les différentes évolutions de leur exercice, qui fut terminé par une danfe générale & quelques chanfons guerrières. Après cela, j'allai préfenter mes refpects au roi qui me pria de jouer quelques airs de l'orgue portatif dont je lui avois fait préfent. Il y avoit trois cylindres , & il étoit fort embarraffé toutes les fois qu'il falloit les changer ; c'étoit une très-grande affaire pour fa conception. Je lui fis entendre plufieurs airs agréables & quelques marches choifies ; mais ce qui lui fit le plus de plaifir , fut l'air du *cent quatrième Pféaume* ; il me pria d'y fixer le cylindre, afin qu'il pût s'amufer quand il feroit feul.

Le 8 février au matin, je reçus un exprès du roi pour me rendre auprès de lui à fa maifon de *Dahomé* : j'y allai en effet, & trouvai fa majefté affife fous un portique , vêtue d'une robe de chambre de foie ; après l'avoir faluée, je fus invité à m'affeoir dans un fauteil auprès duquel des efclaves étoient prêts à tenir au deffus de moi un très-grand parafol. Le roi avoit auprès de lui fes premiers officiers d'état, & il vint à la parade une populace innombrable. A peu de diftance de moi, étoient affis une douzaine d'hommes bazanés, ayant des turbans fur leurs têtes, & vêtus de larges chemifes de coton, faites en manière de furplis, avec de larges caleçons ou grandes culotes de matelots & des pantoufles de maroquin. Ces gens font appelés *Mallays* ; ils parlent & écrivent l'Arabe, & l'on dit qu'ils viennent de la partie feptentrionale de l'*Afrique*, des confins du royaume de *Maroc*, & des états de *Babarie*. Ils voyagent dans ce pays & dans d'autres parties de l'*Afrique* bien plus éloignées (car ils vont jufqu'à *Angola*), fans doute pour des raifons de commerce. Cependant je ne pus pas m'apercevoir qu'ils en euffent en vue aucune branche qui fût un peu importante. Ils achetoient des cuirs & des peaux qu'ils tannoient & travailloient pour faire des harnois à leurs chevaux, des facs à tabac, & autres articles d'utilité; ils portent auffi de petites balles de peau derriere leur dos. Quels que foient les motifs véritables de leurs voyages, ils fe conduifent très décem-

ment, & font bien reçus & très-refpectés par-
tout où ils vont : ils profeffent la religion mahométane ; & lorfque leur long *Ramadan* eft enfin
expiré, le roi fait tuer tous les ans un éléphant
pour leur faire fête (1).

---

(1) Il eft parlé de ces *Mallays* ou *Mullahs* par
Snelgrave, qui dans fa vifite au camp du premier roi
de *Dahomé* (*Quadja Trudo*) ; en remarqua deux. On
lui dit qu'ils étoient d'une nation très-éloignée dans l'intérieur des terres & frontière de l'empire de Maroc, &
qu'on avoit pris trente-huit autres de leurs compatriotes pendant qu'ils alloient d'un pays à un autre pour
faire le commerce. C'étoit en effet des voyageurs Ara-
bes, peut-être mulâtres ou metis, habiles à écrire l'Arabe,
& dans l'art de teindre les peaux de chèvres & de moutons, dont ils font des boîtes en cartouche, & des facs
pour mettre la poudre à canon, ou propres à d'autres
ufages. Leurs talens leur avoient acquis à un tel point
l'admiration & l'eftime de leur conquérant, qu'il les
traitoit avec des marques extraordinaires de faveur.
Il eft bien poffible que, pour fe donner un plus grand
air de dignité, ils fe donnent le titre de *Mullahs* ou
Mollahs, qui appartient proprement à un ordre de
prêtres Mahométans, dont les fonctions font de furveiller & de contrôler les *Cadis* ; & il eft affez vrai-
femblable, que fous l'apparence non fufpecte de fim-
ples négocians, ce foit des miffionnaires employés fe-
crètement pour faire connoître & répandre la doctrine
du *Koran* parmi les noirs de l'intérieur de l'Afrique.

Bientôt après que je fus affis , la mufique commença. Elle confifte principalement , outre les trompettes, les flûtes, & les cloches, en une multitude de tambours de différentes grandeurs ; c'eft au fon de cette rude & fauvage harmonie que danfoit une foule nombreufe. Lorfqu'une bande étoi fatiguée, une autre la remplaçoit, & celle-ci l'étoit par d'autres encore. Quelque temps après l'on dreffa une table fur laquelle on fervit de très-bonnes viandes, & en abondance ; j'y dînai , & les *Mallays* en firent autant d'un autre côté. *Adanzou*, fils aîné du roi, & fon héritier préfomptif, avec qui j'avois fait connoiffance dans le premier voyage que j'avois fait dans ce lieu, s'affit par terre derrière ma chaife, & voulut

---

Il n'eft pas douteux que fi ces peuples vouloient jamais confentir à renoncer à leurs fuperftitions héréditaires, ils embrafferoient la religion Mahométane , de préférence à toute autre, parce qu'elle permet la polygamie, qu'elle flatte leurs préjugés à beaucoup d'égards, & qu'ils y trouveroient une conformité de foi & de coutumes avec leurs voifins du nord & du nord - eft. Mais ils ne paroiffent pas, en général, portés à adopter aucun changement. Le petit nombre de *judaïques* qui échappèrent au fil de l'épée de *Quadja Trudo*, lui eurent beaucoup d'obligation de ce qu'il leur permit de continuer le culte de leur *ferpent*.

bien me faire l'honneur de recevoir de ma main
une volaille rôtie & quelques autres morceaux de
ma table. Mais le roi ne mange jamais en public ;
c'eft même un crime que de fuppofer que jamais
il mange, ou qu'il ait affez de reffemblance avec
les autres mortels pour avoir befoin de nourriture ou de fommeil.

Lorfque le repas fut fini, la mufique recom-
mença, & le roi vint à la parade, fuivi d'une
garde de vingt-quatre femmes armées chacune
d'un gros moufqueton ; il fe mit enfuite à dan-
fer, pour convaincre fes fujets de fa bonne fanté
& de fon activité, ce qui leur caufa un plaifir
& une joie qu'ils manifeftèrent par des acclamations très bruyantes. Il témoigna à fes muficiens
combien il avoit été fatisfait de leur exécution,
en leur faifant diftribuer quatre-vingts onces (1)
de *coris* qui étoient apportées par trois cent vingt
de fes femmes, portant chacune un *cabat* qui
en contenoit quatre mille dans un baffin de
cuivre, pour diftribuer aux tambours qui s'en
allèrent très-contens : je pris auffi congé de la
compagnie, & je me retirai.

Du 8 février. En arrivant le matin à la maifon

----

(1) Une once vaut environ 45 liv. pefant.

de *Gringomé* , j'y trouvai un grand concours
de peuple raſſemblé. Je fus reçu par le *Maybou*
qui me conduiſit à une très - grande parade.
De chaque côté de l'entrée , il y avoit trois têtes
d'hommes qu'on avoit coupées la *nuit* d'auparvant ; on avoit élevé dans le centre une grande
tente en forme de pain de ſucre , d'environ cinquante pieds de haut & quarante de large ; elle
étoit ouverte dans le bas , & fixée ſur une petite
baluſtrade circulaire en fer , au travers de laquelle
le roi pouvoit voir tout ce qui ſe paſſoit à la
parade. Il ne tarda pas à paroître , & il s'aſſit
(au milieu des cris & des acclamations du peuple) ſous ſa tente ſur un fauteuil-à-bras élégant,
couvert en velours cramoiſi , & orné de ſculpture & de dorure. Je fus placé à l'ombre d'un
large paraſol , ayant à ma droite les *Mallays*,
& à ma gauche environ trente eunuques, tenant
chacun dans leurs mains un verge de fer poli ,
& vêtus comme des femmes : après une muſique qui dura environ demi-heure , & dont le
bruit confus, joint aux cris & aux chanſons de
la multitude , m'avoit preſque étourdi, un Arlequin vint divertir le roi par ſa danſe bizarre, à
laquelle il mêla de temps en temps des coups
de mouſqueton. Sa majeſté en fut ſi contente ,
qu'elle lui envoya cinq *cabats de coris.*

Je vis défiler enfuite une garde de cent vingt hommes armés de gros moufquetons , & marchant à deux de front : à la fuite étoient quinze filles du roi, très-belles & à la fleur de l'âge, accompagnées de cinquante efclaves femelles ; après elles marchoient en ordre régulier, l'une après l'autre , fept cent trente de fes femmes portant des provifions & des liqueurs pour un divertiffement qui devoit avoir lieu dans la place du marché. Celles-ci étoient fuivies d'une garde de quatre-vingt-dix femmes fous les armes & battant le tambour. On dreffa alors une table à laquelle je déjeûnai, pendant que la proceffion continuoit. Je vis avancer fix troupes de foixante-dix femmes chacune, à la tête defquelles marchoit, à l'ombre d'un parafol, une favorite diftinguée. Cette conductrice étoit fi univerfellement refpectée , que fa vue étoit, pour ainfi dire, facrée ; car on m'empêcha de la voir avec le parafol, & des efpèces de longs boucliers de cuir , couverts de taffetas rouge & bleu , dont on l'environnoit. J'aperçus auffi deux autres parafols dans la dernière troupe, & quatre favorites très-belles femmes , & qu'on me dit être celles que le roi aimoit le plus après la dame que l'on avoit pris tant de foin de dérober à mes yeux. Toutes ces femmes amufoient le roi par leurs chanfons & leurs danfes à mefure qu'elles paſſoient ; les favorites entrèrent dans 'ς tente, pour lui rendre leurs devoirs, & en reçurent des préſens conſidérables de *coris*. Dix bandes des enfans les plus jeunes du roi venoit enſuite ; & chacune de ces bandes étoit de quinze enfans de taille & d'âge à peu près les mêmes, c'eſt-à-dire, d'environ quinze à ſeize ans. Vinrent enſuite ſept troupes de cinquante femmes chacune, & chaque troupe étoit précédée de deux drapeaux anglois : celles-ci, comme les autres, amusèrent ſa majeſté par leurs chanſons & leurs danſes bouffonnes. Quatre d'entre elles attirèrent particulièrement mon attention : leur habillement étoit trop extravagant pour que je ne le décrive pas. Chacune d'elles avoit une longue queue attachée au derrière, & qui paroiſſoit faite avec une bande de peau de léopard, couſue dans ſa longueur, & rembourée ; d'un coup de hanche, donné avec adreſſe & agilité, elles tournoient avec la vélocité d'une fronde. Ces faiſeuſes de pirouettes eurent part, comme les autres, aux généroſités de leur maître, & s'en allèrent également chargées de *coris*. Il y avoit en outre cinquante ou ſoixante femmes employées auprès de la perſonne du roi à faire les meſſages & à donner les préſens qu'il diſtribuoit autour de lui avec beaucoup de généroſité.

Quand les femmes eurent paffé, les eunuques commencèrent leurs chanfons à la louange du roi, dans lefquelles ils faifoient l'énumération de fes titres, & vantoient fa grandeur & fes actions dans les termes les plus remplis d'adulation. Les chanfons durèrent jufqu'à ce que les femmes euffent fait les préparatifs néceffaires pour le recevoir dans la place du marché. Le roi alors fe retira, & la proceffion fe mit en marche dans l'ordre fuivant. Il y avoit d'abord deux carroffes tirés chacun par douze hommes; venoit enfuite la chaife à porteurs, après quoi trois hamacs garantis du foleil par trois magnifiques parafols tiffus d'or & d'argent & couverts d'un dais de même étoffe. Chacun de ces hamacs étoit entouré d'une forte garde, au centre de laquelle étoit le roi : mais c'eût été même un crime de chercher feulement à deviner s'il étoit ou dans un carroffe, ou dans la chaife à porteur, ou dans le hamac.

Mon hamac fuivoit avec cinq autres appartenans aux grands officiers de l'état, accompagnés d'une foule immenfe de fpectateurs. Nous paffâmes au travers du marché d'*Ajaouy*, directement au deffous de cinq gibets, à chacun defquels il y avoit un homme pendu de la manière dont je l'ai décrit ci-devant, & qui avoit été égorgé pour cet effet la nuit précédente. Nous entrâmes ensuite dans une grande parade , dont l'enclos étoit fermé par différentes espèces de draps étendus sur des balustrades faites pour contenir la populace ; il y avoit ensuite une enceinte plus élevée , & formée d'une étoffe plus belle , pour le roi. Personne n'entra dans la grande parade que le *Taméga* , le *Maybou*, l'*Eubiga* , l'*Agaou*, & le *Jahou* , leur suite , moi & mes domestiques ; je me mis à une table qu'on avoit dressée dans ce lieu , & sur laquelle on servit un repas qui auroit suffi à cent personnes de plus. Après que j'eus dîné , *Taméga* & les autres mangèrent ce qui restoit, & l'on distribua à la foule qui étoit en dehors assez de vivres & d'eau-de-vie pour que tout le monde fût pleinement satisfait. Vers le soir, j'obtins la permission de rendre visite à sa majesté, & après avoir passé a peu près une demi-heure avec elle, je retournai dans mon quartier , très-fatigué du bruit & de la marche du jour. En m'en revenant, je passai par l'endroit où j'avois vu, deux jours auparavant, sept hommes & pareil nombre de chevaux liés ensemble : il n'y étoient plus, & l'on me dit que la nuit précédente ils avoient été égorgés ; mais que les corps que j'avois vus suspendus à des gibets, ni les têtes qui étoient expofées dans la maifon du roi, n'étoient point celles de ces malheureux.

Il ne m'arriva rien d'important les jours fui-vans, & je les employai à acheter des efclaves & de l'ivoire ; mais le 12 je fus encore averti de me rendre à la cour pour affifter à une autre fête : ce jour-là il n'y avoit que quatre têtes pla-cées à la porte du palais. Les danfes & la pro-ceffion furent à peu près les mêmes que celles que j'avois vues ci-devant, excepté que les habits & les ornemens étoient beaucoup plus brillans. Je ne m'étois pas attendu à voir tant de variété, ni une fi grande quantité d'étoffes de foie, de bracelets d'argent, de bijoux, & de coraux ; une profufion auffi grande d'autres colliers de prix & d'ornemens précieux, me caufa en effet beaucoup d'étonnement. Il y avoit de plus que l'autre fois une troupe de quarante femmes avec des cafques d'argent, qui déployèrent tout le mobilier du roi & fes colifichets, en en portant chacune quelque partie. Les unes avoient des épées très-belles à leur ceinture ; d'autres, des fufils montés en argent ; plus de cent femmes avoient à leurs mains des cannes avec des pom-mes d'argent ou d'or, & afin que chacune por-tât quelque chofe, il y en avoit qui portoient des chandeliers, des lampes, & autres objets différens qu'elles élevoient en l'air, pour les faire admirer à la multitude étonnée. Nous dînâmes, comme à l'ordinaire, dans la place du marché, & vers le foir, lorfque j'allai trouver le roi, une naine vint au devant de moi, & fe mit à exécuter une danfe dont elle s'acquitta fort bien : elle me parut n'avoir que trente ans, & fa taille qui n'étoit que de trente-un pouces de haut, étoit affez bien faite, & fans aucune difformité.

Durant ces jours d'amufemens, nous éprouvâmes les effets du vent appelé *Harmattan*, & qui, décrit fcientifiquement, fourniroit un chapitre curieux dans l'hiftoire de la nature. Mais je laiffe cette tâche à ceux qui font plus capables de la remplir que moi, & je me contenterai feulement de chercher à donner quelque idée de fes phénomènes les plus frappans.

Dans cette partie de la côte d'Afrique qui s'étend depuis le *Cap-Verd* jufqu'au *Cap-Lopez*, on voit, dans les mois de décembre, de janvier, & de février, régner fouvent un vent qui vient du nord-eft, & qui eft connu fous le nom de *Harmattan*. Il fe fait fentir vraifemblablement dans le midi par delà le *Cap-Lopez* ; mais je ne peux rien dire de ce qui arrive dans les contrées que je n'ai pas vifitées. Ce vent fouffle indifféremment à toute heure du jour ou de la nuit,

en tout temps du flux & reflux de la mer, ou
à telle époque de la lune que ce puiſſe être, &
il dure un jour ou deux, quelquefois cinq ou
ſix; j'ai ſu qu'une fois il avoit continué de ſouf-
fler pendant quinze jours: en général il revient
trois ou quatre fois chaque ſaiſon. Il ne pleut
jamais durant l'*Harmattan*, mais quelquefois
il lui ſuccède immédiatement une averſe : il
ſouffle d'une force modérée; il n'eſt même pas
tout à fait auſſi fort que le vent de mer, qui,
dans la belle ſaiſon, ou pendant la ſéchereſſe,
ſouffle de l'oueſt, de l'oueſt-ſud-oueſt, & du ſud-
oueſt, mais cependant il a un peu plus de force
que le vent de terre qui ſouffle du nord & du
nord-nord-oueſt vers le ſoir.

Ce vent eſt toujours accompagné d'une obſcurité & d'une eſpèce de brouillard dans l'atmoſ-
phère; il eſt très-peu d'étoiles que l'on puiſſe
diſtinguer au travers de ce brouillard, & le
ſoleil, caché la plus grande partie du jour, ne
paroît que pendant quelques heures vers midi,
& alors il eſt d'un rouge léger, & n'excite dans
l'œil aucune ſenſation douloureuſe. Pendant que
ce vent dure, on n'aperçoit pas de roſée, &
l'on ne reſſent aucune humidité dans l'air. Le
ſel de tartre, diſſous dans une aſſez grande
quantité d'eau, pour couler ſur une tuile, &

expofé au *harmattan*, même pendant la nuit, redevient encore parfaitement fec en peu d'heures. Ce vent nuit confidérablement aux végétaux de toute efpèce ; il fait périr toutes les plantes tendres & les femences qui ne font que de germer hors de terre. Les arbriffeaux, dont la verdure eft permanente, fe reffentent de fa funefte influence. Les feuilles des limoniers, des orangers, & des tilleuls fe flétriffent, fe sèchent, & tombent à fon haleine ; leurs fruits, privés de leurs fucs nourriciers, font arrêtés dans leur croiffance, ils atteignent tout à coup à une forte de maturité, ou plutôt ils deviennent jaunes, & fe deffèchent avant d'être parvenus à leur entier développement & à moitié de leur groffeur ordinaire. Tout paroît trifte & flétri dans la nature : les gazons perdent leur verdure & ne reffemblent plus qu'à du chaume. Les naturels profitent de cette circonftance pour y mettre le feu dans le voifinage des grandes routes. C'eft un moyen dont ils fe fervent pour découvrir & détruire les retraites que les bêtes féroces & venimeufes, ou même les ennemis, fe font dans l'herbe. La couverture d'un livre renfermé dans une boîte, & placé entre des habits pour le garantir, fe retire & fe replie comme fi elle eût été mife devant le feu. Les panneaux

des

des portes, des volets des fenêtres, &c., se
fendent ; & les joints du parquet le mieux fait
& dont le bois est le plus sec, se séparent au
point que l'on peut mettre le doigt dans l'écar-
tement ; les flancs & les ponts des navires s'entr'-
ouvrent & font eau ; les ouvrages en marque-
teries tombent en pièces, à cause de la contrac-
tion en différens sens du bois sur lequel est le
placage. Si l'on n'a pas grand soin d'humecter
les vaisseaux où l'on a mis des liqueurs, comme
du vin ou des eaux-de-vie, en général ils laissent
fuir.

L'air devient beaucoup plus frais pendant que
souffle le vent d'*harmattan*, & le thermomèttre
de *Farenheit* est ordinairement à dix ou douze
degrés au dessous de la température ordinaire.
Les naturels se plaignent alors beaucoup de
la rigueur du froid ; ils se vêtissent le plus
qu'ils peuvent, pour s'en garantir. Qoique ce
changement dans l'atmosphère paroisse très-
agréable aux *Européens* qui résident dans ce
pays, cependant *ils* ne laissent pas que de partager
avec les *noirs* bien des incommodités qui font
l'effet de ce vent ; car les yeux, les narines,
les lèvres, & le palais se sèchent d'une manière
à faire souffrir & à incommoder beaucoup. On
sent la nécessité & l'envie de boire souvent,

I

non pas autant pour éteindre la foif, que pour
diffiper une douloureufe aridité du gofier. Lês
lèvres fe gercent, & il vient du mal au nez ; &
quoique l'air foit frais, on éprouve néanmoins
une fenfation défagréable de chaleur piquante
fur la peau, comme fi on s'étoit lavé avec de
l'efprit de corne de cerf ou une leffive très-forte.
Si le vent continue cinq ou fix jours, l'épiderme
des mains & du vifage fe fépare de la peau, celui
même de tout le refte du corps tombe. Si ce vent
dure quelques jours de plus, la tranfpiration eft
confidérablement diminuée ; mais j'ai remarqué
qu'en voulant exciter la fueur par l'exercice,
elle a une âcreté particulière, & fa faveur eft
à peu près celle de l'efprit-de-vin délayé dans
de l'eau.

Tels défagréables que foient les effets de ce
vent fingulier fur le règne animal & végétal,
il ne laiffe pas cependant que de produire beaucoup de bien. L'air eft alors extrêmement favorable à la fanté ; il contribue d'une manière
furprenante à la guérifon des vieux ulcères &
des maladies de la peau. Les perfonnes qui font
attaquées de diarrhées & de fièvres intermit-
tentes, fe rétabliffent en général durant l'*harmattan* ; & ceux qui ont été affoiblis & relâchés
par des fièvres, qui ont été épuifés par les évacua-

tions auxquelles ils se sont soumis pour en guérir, comme particulièrement les saignées (que l'on répète souvent à tort), en réchappent en dépit du médecin. Ce vent arrête les progrès des maladies épidémiques ; non seulement la petite vérole, les flux, & les fièvres rémittentes disparoissent, mais ceux qui s'en trouvent atteints quand l'*harmattan* vient à souffler, sont presque sûrs d'en guérir promptement. L'infection alors se répand avec peine. En 1770, j'avois environ trois cents esclaves à bord d'un vaisseau qui étoit en rade à *Juda*, lorsque la petite vérole se manifesta parmi eux ; la plus grande partie avoit été inoculée avant que l'*harmattan* soufflât, & environ soixante-dix d'entre eux subirent cette opération peu de jours après qu'il eut régné : les premiers allèrent très-bien pendant tout le cours de la maladie, aucun des derniers n'éprouva ni éruption, ni malaise ; nous crûmes que tout étoit fini & que la maladie ne paroîtroit plus ; mais peu de semaines après elle reparut. Parmi les soixante-dix inoculés, environ cinquante d'entre eux furent inoculés une *seconde* fois, les autres eurent la petite vérole naturellement ; un vent d'*harmattan* survint, & ils se rétablirent tous, à l'exception d'une fille qui eut un ulcère malin dans le lieu de

l'infertion du virus, & qui mourut de convul-
fions quelque temps après. Il peut bien fe taire
que les effets falutaires de *l'harmattan* ne foient
pas univerfels, fur-tout lorfqu'il fera chargé des
effluves délétères de quelque marais infect ;
mais cela n'arrive pas dans cette partie de l'a-
frique.

Je fuis fâché de ne pas être d'un fentiment
conforme à l'autorité refpectable du docteur
Lind, à qui nous fommes tant redevables pour
le travail qu'il a fait fur la maniere de conferver la fanté des gens de mer. Je préfume qu'il
n'a appris que par ouï-dire ce qu'il nous rapporte de *l'harmattan*, & qu'il n'a pas parlé
d'après fa propre expérience, qui manque rarement d'être très-exacte. S'il avoit éprouvé lui-
même les effets de ce vent, il ne les eût pas
appelés funeftes ni méchans, & il n'eût pas affuré que fon fouffle dangereux étoit fatal aux
noirs ainfi qu'aux *blancs*, ou que la mortalité
qu'il occafionne étoit en proportion de la den-
fité & de la durée du brouillard qui l'accompagne. On diroit qu'il confond la falubrité de
l'harmattan avec les funeftes effets que produit fur les conftitutions le commencement
des *pluies périodiques* qui tombent en avril &
en mai.

Ces pluies font amenées par de grands coups
de vent de nord-eft & d'eft-nord-eft, appelés
tornadoes (par corruption du mot portugais
trovoada, orage), qui arrivent ordinairement
vers la pleine ou la nouvelle lune, dans les
derniers jours de mars & les deux mois fuivans.
Ces coups de vent font accompagnés d'éclairs
& de grands coups de tonnerre auxquels fuccède
une pluie des plus fortes, & qui dure deux ou
trois heures. Ces pluies humectent la furface de la
terre, qui a été defféchée par les vents *d'harmattan* qui ont précédé, & par fix ou huit mois
confécutifs de féchereffe fous un climat brûlant;
elles dégagent les vapeurs putrides & ftagnantes
accumulées fur la furface aride de la terre; ces
vapeurs, volatilifées par la chaleur du foleil, dont
les rayons ne font jamais plus ardens qu'après
que le *tornados* vient de paffer, portent à l'odorat
la puanteur la plus forte que l'on puiffe imaginer, & occafionnent plufieurs vomiffemens bilieux,
des diarrhées, & des fièvres rémittentes & putrides du plus mauvais caractère. Outre ces phé-
nomès, qui reviennent tous *les ans*, il femble
qu'il y a une collection de vapeurs peftilentielles,
qui reftent emprifonnées pendant plus long-temps,
& ne s'élèvent le plus fouvent au deffus de la
furface de la terre qu'au bout de cinq, fix,

ou sept ans. Les époques que je me rappelle avoir été les plus fâcheuses, furent en 1755 ou 1756, lorsque le gouverneur Melville & la plupart des européens & des soldats de la garnison périrent au *cap de la côte* ; & en 1763 & 1769 (1). Dans quelques-unes de ces années (car elles ne sont pas toutes également fatales aux européens établis dans ces lieux), la mortalité a été si grande, que, comme le dit le docteur *Lind*, « il restoit à peine assez de vivans pour enterrer les morts ».

Le brouillard qui accompagne l'*harmattan* est occasionné par une grande quantité de particules qui flottent dans l'air : elles sont si fines, qu'elles échappent au tact, & qu'il ne m'a pas été possible de les soumettre à aucune espèce d'examen : je ne pus jamais parvenir à les examiner au microscope, quoiqu'il y en eût de déposées sur l'herbe, sur les feuilles des arbres, & même sur la peau des nègres qu'elles rendoient blanchâtre ou plutôt grisâtre. Ces particules ou atômes ne vont pas bien avant sur la mer : le brouillard n'est point non plus aussi épais à bord

----

(1) L'année 1775 fut également fatale à bien du monde.

des vaiſſeaux dans la rade de *Juda*, à deux ou trois milles de diſtance du rivage, qu'il l'eſt ſur terre, & même il diminue à meſure qu'on s'éloigne en mer du rivage ; & quand on eſt à quatre ou cinq lieues de diſtance, on ne le diſtingue plus, malgré que ce vent ſe faſſe ſentir à dix ou douze lieues de diſtance de la terre.

En faiſant les recherches les plus ſoigneuſes concernant la ſurface du pays, j'ai appris, qu'à l'exception de quelques rivières, de quelques marais, & des lacs de peu d'étendue que l'on rencontre, le pays ſitué derrière *Juda* eſt couvert, dans l'eſpace de plus de quatre cents milles en avant dans les terres, de grandes plaines chargées de verdure, parſemées de quelques bouquets d'arbres, de quelques bois ou forêts. Le terrain s'elève par une pente douce & graduelle pendant l'eſpace d'environ cent cinquante milles depuis la mer, ce qui donne au pays l'apparence d'une montagne ; & je n'ai pas ouï dire que derrière cette élévation il y eût d'autres rangées remarquables de montagnes. La ſurface du ſol eſt preſque par-tout ſablonneuſe & légère, & au deſſous de ce ſable l'on trouve une terre rougeâtre très-fertile. Je n'ai point ouï dire qu'il y eût de déſerts arides & ſablonneux d'où ces particules puſſent être détachées par *l'harmattan.*

Le docteur *Lind* a écrit que l'on dit que
« l'*harmattan*, provient du conflux de plusieurs
» rivières vers *Benin* ». Mais dans cet endroit
même, à *Abomé*, j'ai senti que ce vent venoit
du nord-est, & plus fort que de coutume, &
j'avois alors *Benin* au sud-est ; par conséquent
ce n'est pas là l'origine de l'*harmattan*. Sur la
côte d'Or, il souffle en général du sud-est ; aux
isles de Cos, un peu au nord de *Sierre-Leone*,
il vient de l'est-sud-est ; & à la rivière *Gabou*,
près du *Cap-Lopez*, il souffle du nord-nord-
est. Pour moi, je croirois que l'intersection de
ces points, ou (encore mieux) une ligne tirée
du *Cap-Verd* à l'est, coupée par une autre ligne
tirée du centre de la *Côte d'Or* au nord-est, &
une ligne tirée du *Cap-Lopez* au nord, dési-
gneroit probablement la source de ce vent extraordinaire : mais ce n'est qu'une simple con-
jecture de ma part.

Comme les affaires qui m'avoient amené à
Abomé étoient terminées, & le roi m'ayant pro-
mis de prendre les mesures convenables pour
empêcher que mes effets ne fussent pas pillés,
comme ils l'avoient été par les porteurs depuis
le bord de la mer jusqu'aux comptoirs de *Griwhy*,
je désirai m'en retourner ; & ayant eu l'attention d'informer sa majesté que c'étoit mon des-

ſein auſſi-tôt que l'*harmattan* auroit ceſſé, je pris congé d'elle. Le vent continua cependant à régner deux jours de plus, ce qui me retint, attendu qu'il eût été trop déſagréable de voyager pendant qu'il duroit encore. Dans l'*intérim*, une partie du palais de *Dahomé* prit feu, & la totalité même faillit à brûler. Auſſi-tôt que le déſordre occaſionné par cet événement eut ceſſé, je crus ne pouvoir me diſpenſer, par reſpect, d'aller voir le roi à cette occaſion. Je remarquai, ainſi que je m'y étois attendu, que cet accident avoit tout mis en confuſion dans le palais ; déjà il y avoit eu pluſieurs têtes de coupées, qui étoient éparſes çà & là, au nombre de *vingt* pour le moins, & je trouvai le roi fort en colère contre ſes femmes, qui s'accuſoient, les unes les autres, de négligence, & qui s'efforçoient chacune d'éloigner le blâme de ſoi. Il ne fut pas aiſé ſans doute de déterminer comment cet incendie avoit été occaſionné, & le roi trouvant difficile de le ſavoir, & ſon reſſentiment s'étant d'ailleurs un peu appaiſé par les victimes qu'il avoit fait immoler aux premiers mouvemens de ſa colère, finit par choiſir *dix-neuf* de ceux qui réſidoient dans le quartier où le feu avoit pris, & me les vendit comme eſclaves. Le troiſième jour l'*harmattan* ceſſa, & je me diſpoſai à

partir. Le roi eut la bonté de m'envoyer, avant
mon départ, un mouton gras , un baril d'eau-de-
vie , & cinq cabats remplis de *coris* pour me
défrayer de la route; il me fit aussi présent d'une
très-belle pièce de coton rayé & d'une très-belle
esclave.

Je serois parti pour m'en retourner à *Juda*
le 16 février de grand matin , dernier jour des
*Coutumes annuelles,*où le roi distribue une grande
quantité de présens à ses sujets ; mais on exigea
que je restasse jusqu'au soir , & je cédai aux ins-
tances de ceux qui devoient m'accompagner , &
qui espéroient attraper quelque chose dans la
mêlée. On élève , dans cette occasion , un grand
théâtre auprès d'une des portes du palais ; on
l'orne avec des drapeaux & des parasols , & on
l'entoure avec une barricade d'épines, afin d'en écar-
ter la populace ; on entasse sur cet amphithéâtre
une grande quantité de marchandises & d'objets
d'Europe , de l'Inde , beaucoup de beaux draps
de coton , qui sont fabriqués dans le pays d'*Eyo* ,
une quantité immense de *coris*. Lorsque tout est
disposé, le roi vient sur l'amphithéâtre , accompagné des gouverneurs ou des capitaines de vaisseau qui se trouvent alors dans le pays ; le *Ta-*
méga , le *Maybou* , & quelques autres de ses
principaux officiers sont également avec lui , &

il donne à chacun d'eux, selon son rang, à choi-
fir ou du drap d'*Eyo*, ou d'un chapelet de grains
de corail ; ses officiers en sous-ordre sont appelés parmi la foule qui eſt au deſſous, & reçoivent chacun une pièce de coton & quelques
coris, comme une marque d'eſtime & d'approbation de la part de leur maître. Le roi répand
enſuite de ſa propre main, parmi le peuple, des
coris, & les femmes ſe mettent alors à répandre
le reſte des préſens parmi la foule. Il eſt permis
aux blancs qui s'y trouvent, & au *Taméga*, ainſi
qu'à ſes compagnons, de faire comme elles, &
de les aider dans cette diſtribution, s'ils le veulent. Enfin, comme il n'y a aucun de leurs ſpec-
tacles qui ne ſoit accompagné de quelque
cruauté, on jette du haut de l'amphithéâtre
un homme pieds & mains liés, un crocodile mu-
ſelé, & une paire de pigeons dont on à rogné
les ailes ; alors il s'enſuit plus d'efforts & de
confuſion, s'il eſt poſſible, qu'il n'y en avoit
auparavant, parce que chacun veut avoir la tête
de ces victimes, ce qui divertit infiniment le
roi ; & quiconque eſt aſſez heureux pour en
avoir ſaiſi une, reçoit un préſent conſidérable
quand il la rapporte. C'eſt le dernier ſacrifice
humain des *coutumes*, & c'eſt une partie de la

cérémonie à laquelle les *blancs* ne se soucient jamais d'assister. Cependant, s'il faut en croire ce qu'on en dit, il ne reste presque jamais rien de la carcasse de la victime humaine, parce que chacun veut en avoir un morceau.

Je partis dès le même soir, & me rendis à *Agrimé*, qui est placé à l'entrée de la forêt; après avoir pris quelques heures de repos, nous nous levâmes avant le jour, afin d'avoir fait une partie de ce voyage fatigant avant que le fort de la chaleur fût venu, & nous ne nous arrêtâmes que lorsque nous fûmes arrivés à *Whibo*, chez mon vieil ami *Jabrakou* avec qui je passai le reste du jour & une grande partie du lendemain: cependant je ne pus pas rester pour l'accompagner à une grande chasse du buffle, dont il faisoit les préparatifs. J'arrivai à *Ardra* le 17 au soir, où nous éprouvâmes un événement qui auroit pu se terminer d'une manière bien plus fâcheuse qu'il ne le fit. J'avois fait suspendre mon hamac dans l'appartement destiné aux blancs, qui est à côté de la maison du *Maybou*. Comme il faisoit très-chaud, les porteurs de hamac & de ballots, &c., avoient préféré étendre leurs matelas & coucher en plein air sous le portique & dans la petite cour qui est au de-

vant: lorfque nous fûmes tous endormis, à l'exception du capitaine de la troupe, qui, après
avoir fait un léger fomme, fe régaloit en fu-
mant une pipe, un léopard fauta par-deffus la
muraille, paffa fur le corps de tous ceux qui
dormoient dans la cour, fans leur faire aucun
mal, fe faifit du mouton gras que le roi m'avoit
donné & qui étoit attaché dans un coin de la
cour, & l'emporta dans un inftant en reffau-
tant par-deffus la muraille, qui avoit huit pieds
de haut, avant même que l'homme qui l'aperçut eût le temps de lui tirer un coup de fufil.

Le jour fuivant, qui étoit le 18 février 1772,
j'arrivai fain & fauf à mon comptoir, & c'eft
ici que finit mon récit. Cependant je crois devoir encore ajouter quelques pages, pour rapporter quelques autres aventures qui m'arrivèrent
dans les autres voyages que j'eus encore occa
fion de faire à *Dahomé.* Je fus dans le cas d'aller
une autre fois à *Abomé,* en décembre 1773. Le
roi étoit alors malade, & fuccombant fous le
poids des années comme fous celui des infirmités,
il ne fortoit plus de fa chambre ; cependant il
voulut me voir, ce qui me donna lieu de connoître l'intérieur de fon appartement. Il avoit une
chambre très-propre, dans laquelle il dormoit,

qui étoit séparée de la cour, dans laquelle elle
étoit placée, par une muraille d'environ quatre
pieds de haut, & dont le sommet étoit tout hé-
rissé *de mâchoires humaines inférieures*, & le
petit espace qui étoit entre la muraille & la chambre, étoit tout pavé de *crânes*, qui, à ce que
je compris, étoient ceux des rois voisins & d'autres personnes de distinction & de rang, qui
avoient été faites prisonnières dans le cours de
ses guerres, & qu'on avoit ainsi placés, afin qu'il
pût jouir de la satisfaction barbare de fouler
à ses pieds, quand il lui plaisoit, les têtes de ses
ennemis. Le roi ne survécut pas long-temps à
mon entrevue; il languit jusqu'au 17 mai 1774,
où il mourut âgé d'enviror soixante-dix ans,
dont il en avoit à peu près régné quarante. Son
fils *Adanzou* lui succéda.

Au moment où le roi expire, une scène horrible commence dans le palais, & dure jusqu'à
ce que le *Taméga* & le *Maybou* aient annoncé sa mort à son successeur, & que celui-ci
ait pris possession du trône: c'est ce qu'il se hâte
de faire, afin de mettre fin au désordre qui se
passe. Les femmes du défunt commencent d'abord
par briser & détruire l'ameublement du palais,
les ornemens & ustensiles d'or & d'argent, les

coraux, & enfin tous les effets précieux qui ont
appartenu à elles-mêmes ou au feu roi; ensuite
elles se *tuent entre elles* (1).

---

(1) *Bosman*, auteur dont le crédit est établi, dit
en parlant des coutumes de *Juda*, avant que la conquête en fût faite , que « lorsque le roi de ce pays
» vient à mourir, & aussi-tôt que la nouvelle en
» est publiquement répandue, chacun se met à piller
» autant qu'il peut les biens de son voisin, sans en-
» courir aucune punition. Cette scène de vol, de
» rapine, & de confusion, continue jusqu'à ce que
» l'on ait confirmé sur le trône un nouveau roi, qui
» la fait cesser à l'instant par une proclamation pu-
» blique, & qui est strictement obéi ». Il ajoute,
» que la succession à la couronne paroît dépendre
» des grands officiers & de leurs partisans, en sorte
» que souvent c'est le plus jeune des enfans du roi
» qui lui succède, au lieu de l'aîné qui en est exclu ».
L'anarchie momentanée & le désordre qui arrivent ordinairement toutes les fois que le trône vient à va-
quer par la mort du souverain, peut bien avoir pour
principe (comme je l'ai déjà donné à entendre dans
une note précédente), ou d'accélérer le choix d'un
successeur, afin, par ce moyen, de prévenir une guerre
civile, ou de confirmer l'attachement du peuple à la
forme du gouvernement monarchique, en le dégou-
tant des troubles & de la licence qui accompagnent
une *démocratie*. Mais ce n'est là qu'une pure con-
jecture, & peut-être rien autre chose que ce qui at-

Adanzou, ayant été nommé roi, courut avec fa garde áux portes du palais qu'il fit enfoncer, &, en en prenant poffeffion, mit fin au carnage; mais avant d'avoir fait cela, il y avoit déjà une grande partie de meubles de détruits , *& deux cent quatre-vingt-cinq femmes d'égorgées.* La chaife à porteurs fut épargnée , & ce fut avec elle qu'*Ahadée* fut enterré, accompagné, à ce qu'on dit , de *fix* de fes femmes qui s'enfeveli-rent toutes vives avec lui, ainfi que de celles qui s'étoient tuées dans les premiers momens du dé-fordre.

Le nouveau roi hérita du penchant que fon père avoit pour la guerre, & trouva bientôt une occafion pour fatisfaire cette paffion. Dans l'au-tomne de 1774 , le roi des *judaïques* exilés, qui s'étoient enfui de leurs pays lors de la con-quête de l'empire *Dahoman*, mourut. Ces peuples occupent un petit territoire & très-marécageux entre *Juda* & *Popoe* ; ils vivent en bonne in-telligence avec les *Popoes*, qui leur prêtent du fecours quand ils veulent faire des incurfions &

---

riveroit parmi des efclaves quelconques qui fe verroient délivrés tout à coup de la crainte d'une puiffance coercitive & defpotique.

des

des déprédations chez les *Judaïques*. Les *Daho-mans* ne manquent jamais de tirer quelque avantage de toutes les diffentions qui arrivent parmi ces peuples, & il en arriva une lors de la mort de leur roi; car il y eut alors deux concurrens pour le trône : *Abavou* (nom qui fignifie chien de marais), qui étoit fils de celui qui tua fon propre frere à *Xavier* & mangea fon cœur, comme nous l'avons dit dans les *Mémoires d'Aha-dée*, & un autre appelé *Eyée* (ou *Singe*) qui étoit également parent du défunt. Le plus grand nombre de partifans fut pour le premier, qui chaffa fon rival. *Adanzou*, réfolu de foutenir fes prétentions, fans s'embarraffer fi elles étoient bien ou mal fondées, envoya une armée à fon fecours. *Abavou* & fon parti furent obligés de fuir à leur tour. Dans la premiere campagne, les *Dahomans* les obligerent de quitter le continent, & les forcèrent de fe réfugier dans une île appelée *Foudou-Coug*, ou *île des fétiches*, qui eft fituée dans un *lagon*, ou large étendue d'eau, formée par une rivière du pays. Ils fe maintinrent dans cette île, & y furent inacceffibles durant les pluies périodiques, parce que les *Dahomans* n'avoient pas de canots, & que quand ils en auroient eu, ils n'auroient pas fu s'en fervir : mais auffi-tôt que les eaux eurent

K

baiſſé, ils commencèrent une entrepriſe difficile. L'armée avoit été renforcée d'un nombre prodigieux de ſoldats ; ils ſe mirent à couper les arbres qui étoient ſur l'un & l'autre bord du lagon ; ils en firent des pilotis, & formèrent au deſſus deux ponts ou chauſſées qui aboutiſſoient à chaque côté de l'île ; enfin, après un combat opiniâtre & ſanglant, où il périt beaucoup de monde, cette île fut emportée.

Abavou & ſon parti ſe retirèrent ſur environ huit cents canots qu'ils avoient avec eux, & reſtèrent ſur le *lagon* ; mais les *Dahomans* prévinrent leur fuite par la précaution qu'ils avoient priſe de planter des piquets dans un endroit reſſerré de la rivière, à quelques milles au deſſous, dont ils interceptèrent le paſſage en s'emparant de l'une & l'autre rive. Les *Judaïques* reſtèrent quelques mois dans cette rude ſituation, ne vivant que des poiſſons qu'ils pêchoient dans la rivière ; ou en débarquant à terre, malgré la réſiſtance des *Dahomans*, qu'ils battoient quelquefois dans leurs quartiers, & profitant de quelques jours qu'ils ſe faiſoient au travers des ennemis, pour aller chercher quelques petites proviſions.

Enfin *Abavou*, voyant ſes troupes épuiſées par la faim & la fatigue, n'ayant d'ailleurs au-

cun espoir de les tirer de détresse, résolut de
se rendre. Il remercia ses amis des services qu'ils
lui avoient rendus, & leur dit que la seule manière dont il pouvoit leur rendre l'attachement
& la fidélité qu'ils avoient eus pour lui, étoit
de se rendre à *Adanzou*, & de tâcher d'obtenir
de lui qu'il acceptât *sa* vie pour gage de leur
paix & de leur salut. Après avoir pris cette
résolution, il débarqua sur le rivage, & alla
trouver l'*Agaou* (général des *Dahomans*).
Celui-ci l'envoya au roi, qui lui fit trancher la
tête. Les partisans d'*Abavou* se rendirent à discrétion, & furent faits prisonniers, en attendant
que le roi en disposât selon qu'il lui plairoit.

Quoique tout cela se passât à quelques milles
seulement de *Juda*, & que nous ne manquas-
sions pas de savoir tous les détails & les progrès de cette guerre, car il n'y avoit rien en
effet dont nous pussions nous occuper d'ailleurs
(*la traite étant entièrement suspendue pendant que le pays est en guerre*) ; cependant *Adanzou* , pour satisfaire à sa vanité,
envoya ses *hérauts d'armes* annoncer sa victoire aux gouverneurs des forts de l'endroit,
& leur fit signifier qu'il désiroit qu'ils témoi-
gnassent la joie que leur causoit l'événement,
ce qui fut fait par une décharge royale de l'ar-

tillerie des forts & du canon des vaisseaux qui étoient dans la rade.

Peu de temps après, il jugea à propos de m'envoyer un courrier, pour me dire qu'il désiroit me voir, & je me rendis en effet auprès de lui vers la fin de décembre 1775. Dès notre première entrevue, il me demanda si je n'avois jamais vu *Abavou* ? Lui ayant dit que non, il ajouta : « Dans ce cas-là vous allez le voir ». Je savois qu'*Abavou* avoit été mis à mort depuis un mois au moins, & je n'étois pas curieux de voir ses restes ; cependant je n'osai pas m'opposer à l'intention du roi. Quelques femmes, auxquelles il donna ses ordres pour cela, revinrent bientôt d'un appartement intérieur du palais, portant un vase de cuivre large & profond, qui contenoit un paquet beaucoup plus volumineux qu'une ruche à miel, & orné de deux morceaux de soie, chacun de la grandeur d'un mouchoir. Ce paquet étoit composé de diverses pièces d'étoffes, dont celle de dessus étoit de coton : intérieurement c'étoient des enveloppes de soie qui, déployées, laissèrent à découvert la tête d'*Abavou*, posée sur un bassin de porcelaine. Elle étoit parfaitement conservée , aussi bien desséchée qu'une momie d'Egypte, & les cheveux soigneusement arran-

gés. « *Voilà ce camarade* » , dit le roi qui
» m'a donné tant de tablature ». Il paroît ,
lui répondis-je , que vous en prenez grand
foin actuellement qu'il eft en votre pouvoir.
« Oui , dit-il, je fuis guerrier moi-même , &
» fi je tombois un jour entre les mains de mes
» ennemis , je voudrois être traité avec la
» même *décence* dont je donne ici l'exemple ».

Il donna ordre qu'on me montrât un grand
nombre de prifonniers qui s'étoient rendus dans
cette occafion. Je ne voulus pas en acheter,
parce qu'ils me parurent très-amaigris & ma-
lades. « Puifque c'eft ainfi, me dit le roi, je
» leur ferai couper la tête ». Je tâchai de le
détourner de ce deffein, & je lui confeillai de
les occuper à faire bouillir du fel, puifqu'ils
étoient du pays où il fe fourniffoit de cet article, ou de les employer à quelque autre travail. Il me répondit, « que ce feroit donner
» un mauvais exemple que de conferver chez
» foi des gens qui pourroient tenir des propos
» féditieux ; que *fon* gouvernement étoit d'un
» genre particulier, & que ces étrangers pour-
» roient répandre parmi fes fujets, des préjugés
» qui lui feroient contraires, & leur infpirer
» des fentimens imcompatibles avec les lois
» qu'il avoit établies ». Je ne faurois dire quel

fut le fort de ces malheureux ; je fais feulement qu'ils ne furent *point* employés à *faire bouillir du fel*, & je ne doute pas que quelques-uns d'eux n'aient été vendus par la fuite & emmenés comme efclaves dans les indes occidentales, après que leur fanté & leur force fe furent rétablies ; mais ceux qui ne trouvèrent pas d'acheteurs, furent infailliblement mis à mort, & les *coutumes annuelles*, qui alloient bientôt arriver, en firent demander fans doute deux ou trois cents, pour arrofer de leur fang les tombeaux des ancêtres d'*Adanzou*.

SUPPLÉMENT.

J'AJOUTERAI, en manière de supplément, quelques autres détails particuliers qui ont du rapport avec ce que j'ai dit précédemment. On a vu que les conquêtes des *Dahomans* s'étoient étendues principalement sur les états maritimes ; circonstance qui doit paroître assez singulière, si nous n'avons égard qu'à la civilisation comparative de ces royaumes, en conséquence de leur rapport avec les Européens, & de la facilité que ces peuples ont à se fournir, par le commerce, d'armes à feu & de munitions pour se défendre. Mais il paroît véritablement qu'en proportion de ce que les peuples ont fait des progrès dans la civilisation & se sont adonnés à l'agriculture & au commerce, ils ont perdu de l'ancienne férocité de leur caractère, qu'ils sont devenus voluptueux & efféminés, & qu'ils ont perdu jusqu'à la moindre étincelle de leur ardeur martiale. Le royaume de *Juda*, quoiqu'en état de mettre aisément sur pied deux cent mille hommes de troupes, ne se sert cependant pour se défendre que de soldats à la paye, tandis que d'une autre part les nations de l'intérieur de l'Afrique, qui n'ont pas été subjuguées par les armées *Dahomanes*, n'ont éprouvé aucun changement dans leurs mœurs. Les frontières de ce royaume font habitées du côté de l'est, entre *Dahomé* & *Benin*, par les *Eyos* ou *Eyoes*; à l'ouest par les *Mahées* ou *Mahis*, & les *Tappas*, dont les territoires font contigus à celui des *Eyos*. Ces derniers font une nation très-courageuse, & qui donna la première un échec à l'ambition de *Guadja Trudo*. Ce font probablement les *Yahoos* de *Snelgrave*, qui peut-être a emprunté le nom du voyage de *Guliver*, par *Swift*, dont l'ouvrage parut en même temps que le sien. Leur forme de gouvernement n'est pas très-différente de celui de *Dahomé*, dont le despote a, jusqu'à ce jour, exigé pendant plusieurs années un tribut annuel, comme pour gage de paix. Ces peuples cultivent le coton & une autre plante dont ils font ensemble une étoffe que les naturels emploient pour leur usage. Ceux d'entre eux qui font négocians, font un grand commerce d'esclaves qu'ils vendent aux facteurs de *Dahomé*. Les *Mahées*, ainsi que je l'ai déjà dit, forment une puissance confédérée de plusieurs états unis & indépendans, dont la forme de gouvernement paroît être du genre féodal. Leurs chefs possèdent des vassaux

ou efclaves, mais ils ne les traitent pas avec
la févérité des *Dahomans*. Cependant ils vendent
des efclaves en affez grand nombre aux facteurs
de *Dahomé*. Mais il arrive fouvent des révo-
lutions, & par des motifs de fi peu de conféquence parmi ces nations barbares, qui n'ont
pas encore découvert les moyens de conftituer,
par des traités réguliers offenfifs & défenfifs, une
balance politique de puiffance pour leur confer-
vation & leur tranquillité réciproque , qu'on ne
peut pas croire qu'ils jouiffent de rien qui ref-
femble à une forme régulière de gouvernement:
ils font toujours flottans entre les fuccès alter-
natifs des attaques & des incurfions étrangères.
Les *Eyoes* font dans ce moment engagés dans
des hoftilités contre les *Mahées* , & ils y mettent la fureur ordinaire des fauvages. Au commencement des pluies périodiques de l'année dernière (au mois de mai 1788), ils avoient ravagé
jufqu'à quatorze diftricts, brûlant & détruifant
une multitude de villes & de villages ; ils continuoient leurs progrès en commettant tant de
ravages & d'horreurs, que le tyran de *Dahomé*
n'étoit pas fans de violentes craintes pour fa
fûreté perfonnelle. On ne fait pas grand'chofe
des *Tappas*. On croit que c'eft la même nation
dont parle *Snelgrave* fous le nom des *Tuffos*,

parti très-confidérable, furpris & mis en déroute
par les forces de *Quadja-Trudo*, dont dix-huit
cents captifs furent emmenés dans le camp du
roi ; & de ce nombre, il y en eut au moins quatre cents qui furent facrifiés à l'inftant. Les autres furent retenus ou vendus comme efclaves.
Il faut cependant que cette nation ait acquis
une importance affez grande, puifqu'elle retire
un tribut annuel des *Eyoes.*

La langue que l'on parle en généraldans l'empire
Dahoman eft l'*Ajira*, qui eft un vrai dialecte du
royaume d'*Ardre*, qui s'étendoit autrefois depuis
la rivière *Volta* jufqu'à *Lagos*: il règne encore
dans tout ce même efpace de pays, quoique corrompu, à la vérité, par les idiomes provinciaux
qui s'y font introduits & qui l'ont alteré', par le
mélange de différens peuples. *Ajira* étoit jadis
une ville grande & très-peuplée avant la deftruction du royaume d'*Ardre* par les *Dahomans*
en 1724; c'eft même encore aujourd'hui un lieu
affez confidérable. Elle eft éloignée de *Grigue*
(la capitale du pays de *Juda*) d'environ fept
heures de chemin. Je calcule environ cinq milles
par heure *au moins,* en me faifant porter par
des hommes dans un hamac. Mais il eft vrai
que cette partie de la route que l'on fait au
travers de la grande forêt (& qui eft marqué fur la

carte) eft fi mauvaife que je fuis affuré que
ma manière de calçuler les diftances, n'alla pas
au dela de quatre milles par heure pendant les
cinq que j'employai pour la traverfer. *Juda* eft
un royaume ancien, & qui étoit borné à l'oueft
par celui de *Popo*, avant de devenir une province du royaume de *Dahomé.* Il a une étendue
d'environ dix milles fur les bords de la mer,
mais dans fa divifion intérieure, il en a environ dix ou douze de large (quoiqu'un peu
moins dans d'autres endroits), & comprend
foixante mille acres catrées. La population de *Juda*
étoit fi grande, que l'on comptoit dans un feul
village autant d'habitans qu'on en trouve ordinairement dans tout un royaume de la *Côte
d'Or.* Il y avoit plufieurs de ces grands villages
également bien peuplés, indépendamment d'un
nombre infini d'autres plus petits, dont la plupart n'étoient qu'à une très-petite diftance les
uns des autres. Le roi affuroit *Bofman* (vers
l'année 1693) qu'un de fes vice-rois, avec fes
fils & petit-fils (fans compter fes defcendans
femelles), formoit un corps de *deux mille* perfonnes, toutes vivantes. Telle furprenante que
puiffe *nous* paroître cette anecdote, elle ne parut
pas du tout incroyable à ceux qui favoient que
les hommes de la claffe commune avoient en

général quarante ou cinquante femmes chacun;
tandis que leurs supérieurs en avoient trois ou
quatre cents, & quelques-uns même jusqu'à mille :
le roi lui-même en avoit dans son *harem* quatre à
cinq mille. La plupart de ces femmes étoient occupées à labourer la terre pour leurs maris : celles
dont la beauté distinguée les élevoit au rang de
favorites, demeuroient à la maison, mais n'étoient
pas cependant entièrement dispensées des occupa-
tions serviles , & accompagnoient leurs maris
par-tout où ils alloient. —— Indépendamment des
travaux du labourage , elles étoient aussi occupées à filer du coton, à tisser des vêtemens , à
brasser le *pitto* (espèce de bière qui étoit la
boisson ordinaire), à préparer les alimens , à
vendre & à porter les marchandises au marché (1). Les travaux des hommes consistoient
à fabriquer , quoique grossièrement , des ustensiles domestiques avec des fruits de calebasse ;
des *hassagys* (ou javelines), & plusieurs autres
articles. C'étoient les plus riches & les plus éclai-
rés des noirs de la côte où l'on fait la traite, &
cette supériorité sur les autres provenoit d'une

---

(1) Les naturels alléguoient, pour raison de l'usage
qu'ils faisoient d'un breuvage artificiel , que l'eau de
leurs puits étoit trop fraiche pour qu'il n'y eût pas
de danger à la boire.

longue habitude avec les européens de différentes nations. *Sabes*, qui étoit alors la métropole
de ce royaume, la réfidence du monarque, &
le centre du commerce, avoit environ quatre milles de circonférence ; les maifons, dont
les murs étoient de boue, étoient couvertes de
chaume ; celles qui fervoient de comptoirs aux
négocians européens, étoient fpacieufes & bien
aérées, diftribuées en appartemens commodes,
& entourées, en dehors, d'une grande galerie en
forme de balcon. La ville étoit tellement rem-
plie d'habitans que l'on avoit de la peine à paffer dans les rues. Il y avoit chaque jour des marchés où l'on mettoit en vente des marchandifes de toute efpèce, européennes & africaines, indépendamment d'une grande quantité
de provifions de tout genre. A côté des comptoirs étoit un grand efpace orné de beaux arbres
élevés qui fournilfoient un ombrage frais aux
gouverneurs, aux facteurs, & aux capitaines des
vailfeaux anglois, françois, & portugais. C'étoit
là qu'ils fe promenoient & difcouroient fur leurs
affaires. Le nombre prodigieux de grands arbres
de toute efpèce qui fembloient avoir été plantés
dans ce lieu tout exprès pour le décorer ; les
tranchées dont le pays étoit entrecoupé, & qui
n'étoit rempli que de ronces, ou de plantes veni-

meufes (ce qui eft bien différent des autres lieux de la Guinée); des champs couverts de la verdure la plus éclatante, cultivés dans toute leur étendue, & féparés uniquement par un foffé ou un fentier; des plaines embellies d'une multitude étonnante de grands & petits villages, dont chacun étoit entouré d'une muraille de torchis, & placés de manière à être en vue à tout le diftrict; tout cela fe réuniffoit pour former le coup-d'œil le plus pittorefque que l'on pût imaginer, & que la plus petite montagne même n'intercepoit pas; le pays s'élevant par degrés, & prenant un penchant prefque imperceptible, depuis le bord de la mer jufqu'à la diftance d'environ quarante ou cinquante milles; il n'y avoit pas un feul endroit de tout le royaume qui n'eût de l'eau à la portée feule de la vue. Tel eft le payfage que nous a tracé *Bofman*, & qui a été fini par *Smith*, qui peut-être l'a relevé par les couleurs trop brillantes d'une imagination trop ardente; car il ne lui fut pas poffible de voir ce pays de fes propres yeux, fi ce n'eft après l'entière démolition de la ville, & la défolation complète du royaume par les barbares de *Dahomé*. Lors de l'arrivée de ce voyageur fur la côte, cet élyfée avoit difparu; les champs étoient fans culture, ils n'étoient couverts que d'her-

bes fauvages , & femés de fquelettes humains ;
l'atmofphère même y étoit empoifonné d'exha-
laifons mortelles pour les européens qui furent
curieux de vifiter ces lieux ; mais il eft conftant
que c'eft le pays le plus fertile poffible. La chaleur du foleil y eft prefque infoutenable pour
les étrangers ; cependant *Juda* n'eft pas actuellement une réfidence défagréable à bien des
égards. La fociété des habitans des forts eft d'un
grand fecours pour fe délaffer des affaires. Le
marché y eft bien fourni ; car le pays y abonde
en venaifon, en moutons , en excellentes chèvres
(dont la chair eft extrêmement délicate) , en
cochons fauvages & domeftiques , en volailles
de différentes efpèces , & en quantité de très-
bon poiffon (1). Tous ces articles font d'un
prix raifonnable. Avec un feul baril d'eau-de-vie
on peut acheter une tortue du poids de cent
livres ; de forte que l'on peut y nourrir les équipages des vaiffeaux avec des provifions nouvelles en
abondance , & à meilleur marché que dans aucun

---

(1) *Atkins* dit qu'une vache qui pèfe trois cents
livres eft regardée comme une belle bête, & qu'un
mouton ne pèfe pas plus de douze livres environ.
Il eft vrai qu'ils font petits, mais ils font pleins de
jus & d'un goût excellent.

autre endroit de la côte. Ce pays n'eſt pas non plus dépourvu des diverſes productions propres au commerce & aux manufactures. Parmi celles qui, dans un examen léger & imparfait de l'endroit, ont le plus frappé l'attention des négocians européens, font :

La plante de l'*indigo*, qui eſt extrêmement commune, mais que les naturels ne ſavent & n'ont ni aptitude à ſavoir préparer pour mettre en vente.

Le *tabac*, qui y croît de lui-même dans pluſieurs endroits ; cette production n'exige pas moins que l'autre la manipulation des euro-péens, pour pouvoir devenir un objet de commerce.

Les naturels, non ſeulement y cultivent le *coton*, mais ils en font même des toiles pour leur uſage.

Le *poivre* y croît en une eſpèce très-ſembla-ble & qu'on a bien de la peine à diſtinguer, par l'odeur, de celui des Indes orientales.

Il y croît une eſpèce de *baye* qui ſert de ſucre aux naturels. Ce fruit eſt inſipide en lui-même quand on le mâche, mais il laiſſe après lui dans la bouche une certaine douceur.

L'huile de palme eſt encore une autre produc-tion eſſentielle, & l'on en exporte une très-grande

quantité

quantité pour l'usage des dégraisseurs de laines
& des savonneries.

Les *fourrures*, telles que les peaux de tigre & de
léopard, &c., ne sont pas d'une grande importance ; mais si nous considérons la profusion immense d'autres productions utiles que la nature
répand dans ce pays fertile, nous ne pouvons
nous empêcher de déplorer l'extrême indolence
des naturels, qui ne connoissent pas , ou qui
voient d'un œil indifférent tous les biens & les
trésors qui les environnent.

Les hommes passent leur temps à dormir & à
fumer ; les femmes (sur lesquelles roulent
tout le travail de l'agriculture) se contentent de
semer une fois l'an un peu de blé dans la terre :
tel est en général l'engourdissement qui caracté-
rise ce peuple , & qui sembleroit justifier une
remarque commune, que dans l'Afrique les habitans ont de l'aversion pour le travail, en proportion que le sol est fertile.

On dit que dans le temps que *Juda* étoit dans
l'indépendance & la prospérité , c'est-à-dire ,
avant l'invasion (1) des *Dahomans*, on en expor-
toit assez régulièrement mille esclaves par mois

---

(1) Voyez *Bosman.*

L

durant toute l'année. Le nombre qu'on en exporte actuellemeut ne va guere qu'à environ cinq mille cinq cents par an. Ainſi, la conquête que le roi de *Dahomé* a faite de ce royaume, a diminué le trafic des eſclaves, non en y ſubſtituant un commerce plus innocent , mais par un carnage & une dévaſtation la plus horrible peut-être que l'on puiſſe rencontrer dans l'hiſtoire des hommes.

OBSERVATIONS

SUR

LA TRAITE DES ESCLAVES,

Avec une Defcription de quelques parties *de la Côte de Guinée, durant un voyage fait en* 1787 *&* 1788 *avec le doðeur A.* SPARRMAN *& le capitaine* AR. EHENIUS;

PAR M. C. B. WADSTROM, premier direc-teur de l'effay royal & de l'affinage; membre de la chambre royale du commerce & de la fociété royale patriotique, pour perfectionner l'agriculture, les manufactures, & le commerce en Swede;

TRADUITES *de l'Anglois par* M.***.

L 2

ÉPITRE DÉDICATOIRE

AUX DAMES.

O vous, dont la source des pensées est dans l'affection la plus délicate, la plus pure, & la plus désintéressée, dont l'ame fut formée pour le sentiment & la vertu, dont toutes les actions se ressentent de l'influence de l'amour; vous, la portion la plus aimable de l'espèce humaine, permettez à un habitant de la zône glaciale de l'Europe, de vous adresser quelques lignes en faveur de l'émancipation des Esclaves. Ce n'est point d'après des principes fondés sur de simples conjectures, qu'elles ont été tracées ; ce ne sont point non plus des motifs d'intérét qui les ont dictées, mais elles procèdent d'un cœur vivement touché de compassion pour les maux de ses semblables. Poussé à cette entreprise, sur-tout par votre exemple, par le spectacle de votre assiduité à remplir chaque jour vos devoirs, soit comme épouses fidèles, soit comme mères tendres, je me suis hasardé à mettre sous votre protection ces premiers fruits de mes travaux, bien convaincu qu'aucun homme ne peut rien entreprendre en faveur de l'humanité, sans cette douce influence de sentimens tendres & généreux dont on ne reconnoît pas assez l'empire, mais que vous inspirez sans cesse. Puissiez-vous donc désormais guider ma plume dans tous mes ouvrages futurs, en enflammant mon cœur du noble feu de la philantropie universelle, dont le vôtre ne cesse de brûler. Qui peut mieux enseigner à l'homme l'amour de ses semblables, que celles qui sont les modeles mêmes de cet amour? — O précieuse moitié de l'espece humaine, prouvez à l'autre, je vous en conjure, qu'il ne peut y avoir dans tout l'univers qu'un seul & même empire, celui d'un amour pur & désintéressé, dont vous seules êtes les véritables modèles, & le foyer où se concentre ce feu divin, ce don du ciel, l'essence même de la divinité.

PRÉFACE.

En communiquant au public le résultat de mes obſervations faites en dernier lieu dans un voyage à la Côte de Guinée, avec deux de mes compatriotes, je n'ai pas eu l'intention d'ajouter, ſans des raiſons ſuffiſantes, aux écrits nombreux qui viennent d'éclairer l'Europe ſur un ſujet qui mérite ſon attention & les recherches impartiales qu'elle a faites avec tant de zèle.

Animé du déſir de défendre la cauſe de l'humanité ſouffrante, je n'ai d'autre but en vue que de contribuer en quelque choſe au plan que d'autres ont ſi bien concerté, en publiant ce que ma propre expérience m'a ſuggéré; en un mot, mon deſſein n'a été que de rapporter ce que j'ai vu, & de montrer, ſans aucun prétexte vain, quelles ſont mes idées ſur un projet ſi bien calculé pour

L 4

intéreffer les cœurs qui fe plaifent à croire à fes fuccès.

Comme cette matière a déjà été traitée très-amplement , mes lecteurs ne doivent pas s'attendre à ne trouver que du nouveau dans tout le cours de ces obfervations ; mais ayant été dans une fituation affez favorable pour pouvoir m'informer pleinement de la nature du commerce des efclaves, de la manière dont les Nègres font traités par les Européens , & plus particulièrement encore de la poffibilité d'améliorer , par la culture , le fol fertile de l'Afrique , je ferai tous mes efforts pour traiter ces fujets importans d'une manière intéreffante & neuve.

Plût au ciel qu'il fût en ma puiffance de repréfenter, fous des couleurs affez frappantes aux yeux des deux nations les plus refpectables de l'Europe , le tableau effrayant que je me fuis retracé de cet infâme trafic, & de prouver par-

là que les horribles marchés de chair
humaine conftituent le dernier période
du plus faux des principes, du plus grand
des abus, de l'inverfion de tout ordre,
& prend uniquement fa fource dans ce
fyftême corrompu de commerce qui
règne aujourd'hui parmi toutes les nations civilifées. Er effet, lorfque les
principes du commerce furent une fois
détournés du noble but de fon inftitution, inftitution qui favorifoit la libre
circulation des denrées, l'étendue des
connoiffances, la richeffe & la prof-
périté des nations; & lorfque l'efprit
d'intérêt perfonnel & de monopole l'é-
loignèrent de ce but univerfel qu'on
n'eût jamais dû ceffer d'avoir en vue, pour
le fixer particulièrement chez quelques
nations, où il fuivit infenfiblement les
degrés de leur corruption, il ne devint
plus que l'objet de l'avarice des particuliers, féparé du bien général. Peut-
on s'étonner alors qu'il fe foit enfin

avili au point de confidérer l'homme lui-
même comme une marchandife ? . Cet
abus déteftable peut être regardé comme
une fuite de l'amour dégénéré de *domi-
ner* & de *s'emparer* des propriétés d'au-
trui , qui , au lieu de répandre l'influence naturelle de la bienveillance &
de la liberté , ne produit au contraire ,
par fon renverfement , que toutes les
horreurs de la tyrannie & de l'efclavage.

Perfuadé que le moment eft arrivé ,
où l'homme commencera à faire un
ufage réel des progrès qu'il a faits dans
les fciences & de la multiplicité de fes
découvertes ; perfuadé que le mal qui
commence à infecter l'efpèce humaine,
n'a d'autre bafe que l'exécrable trafic
qui n'eft exercé aujourd'hui qu'aux dé-
pens de la liberté des hommes , & convaincu en même temps de l'exiftence
d'une providence qui dirige toutes chofes felon le but univerfel qu'elle fe
propofe dans fes décrets impénétrables,

& que nous ne fommes que les inftrumens dont elle fe fert pour accomplir
fes deffeins profonds ; convaincu , dis-
je , de toutes ces vérités importantes ,
& enflammé de l'ardent défir de concourir à l'exécution de cette grande &
noble entreprife (d'abolir la traite),
je fuis non feulement prêt à me dévouer
entièrement à la défenfe de cette caufe,
mais encore à exciter tous ceux dans
l'ame defquels il refte encore quelque étincelle d'humanité , à réunir la
prudence & l'activité pour accomplir
le grand œuvre qui a pour but d'exter-
miner tout *mal* & tout *faux principe* ,
& de préparer les hommes à admettre
avec empreffement dans leur fociété
tout ce qui eft *bon* & *vrai*.

Quand je réfléchis fur l'importance ,
l'étendue , & la grandeur de ce fujet ,
j'ai du regret d'être obligé de le traiter d'une manière auffi rapide & auffi
incorrecte ; mais preffé par le temps &
les circonftances , j'efpère que mes lec-

teurs, fans partialité, accueilleront avec indulgence mon ouvrage, en convenant de la néceffité de le faire paroître dans ce moment critique où toutes les grandes fociétés de l'Europe s'intéreffent fi vivemeut à la caufe touchante de l'humanité & de la liberté, en recherchant à l'envi l'une de l'autre l'honneur de plaider auprès des cœurs fenfibles, en faveur des nations les plus opprimées de l'univers.

Je crois devoir dire ici que je fuis dans l'intention de publier un détail plus circonftancié de mon voyage à la Côte de Guinée, quand je me ferai mis en état de le préfenter au public; je me propofe d'y donner une defcription géographique beaucoup plus étendue de ce pays, de parler des mœurs, des lois, & des coûtumes des peuples qui habitent ces rivages; en outre de traiter du commerce qu'on y fait, mais particulièrement de celui qu'on pourroit y établir avec le plus grand avantage. Je me réserve auffi la fatisfaction d'informer alors le public, quel fut l'augufte promoteur de l'entreprife que j'ai fait avec mes deux refpectables compatriotes,& avec quelle humanité la France a voulu concourir à nous aider à faire ce voyage. Que je fuis heureux d'avoir été à même de faire des obfervations fur un fujet tel que celui de l'abolition de la traite des Efclaves ! fujet qui ne pouvoit être mis en difcuffion que par une nation d'un caractère & d'une puiffance telle que celle à laquelle j'ai aujourd'hui l'honneur de m'adreffer.

En faifant connoître au public les actions atroces qui fe commettent , & dont j'ai été le témoin oculaire dans cette partie du monde, il eft probable que les puiffances & les individus qui les ont autorifées confidéreront l'écrivain comme un efpion & un délateur de chofes qui , en honneur, devroient être enfevelies dans le filence & dans l'oubli ; mais fi c'eft là toute l'accufa-

tion qu'on puisse porter contre les intentions justes & pures d'un ami de l'humanité qui ose dévoiler les crimes dont
se rendent coupables ceux qui ne cher-
chent qu'à violer les droits de l'homme,
je regarderai alors comme un honneur
d'avoir été regardé comme tel, en m'ac-
quittant des devoirs que je dois à la
société. Mais on observera sur-tout que
je ne parle ici que pour rendre hom-
mage à la vérité, dans l'intention de
dévoiler la *méchanceté & le mensonge*,
& non d'insulter ni les nations ni les
individus.

OBSERVATIONS

SUR

LA TRAITE DES NÈGRES, &c.

SECTION PREMIÈRE.

De la manière de se procurer des esclaves.

CHAPITRE PREMIER.

De la Guerre.

JE mettrai la guerre au nombre des premieres sources par lesquelles les Européens se procurent des esclaves sur la côte d'Afrique.

Les guerres que se font réciproquement les habitans de l'intérieur du pays au delà du Sené-g al, de Gambie, & de Sierra-Leona, n'ont que le pillage pour objet, & doivent leur origine au nombre d'efclaves dont chaque année les Mandingos, ou courtiers de l'intérieur du pays, difent avoir befoin pour approvifionner les vaiffeaux qui viennent à la côte. Il eft fi vrai que les incurfions ennemies n'ont d'autre objet que de fe procurer des efclaves, que s'il arrive que dans une année il paroiffe un plus grand nombre de vaiffeaux à la côte qu'à l'ordinaire, on remarque que l'année fuivante on amène au marché un plus grand nombre de captifs de l'intérieur du pays.

Ces malheureux, dont plufieurs font des individus diftingués dans leur pays, comme des princes, des prêtres, & autres perfonnes remarquables par leur état, font conduits par les Mandingos en troupe de vingt, trente ou quarante, enchaînés les uns aux autres, ou au fort Saint-Jofeph fur la rivière du Sénégal, ou du Niger dans le pays de Gallam, ou dans les lieux voifins de la rivière de Gambie. Mais lorfqu'il arrive que la traite avec les François fur la rivière du Senégal eft interrompue (ce qui arriva en 1787), ils amènent alors tous leurs captifs à l'embouchure du fleuve de Gambie, à Sierre-Léone, & dans d'autres lieux au bas de la côte. Ces Mandingos font tout le trajet, excepté dans

certaine

certaines faifons de l'année , lorfqu'ils rencon-
trent les courtiers de la côte même , qui reçoivent
d'eux les efclaves , & leur donnent en échange
les articles ordinaires de commerce.

Ce que j'ai dit jufqu'ici m'a été rapporté par
les témoins les plus fidèles , blancs ou noirs ,
que j'ai pu rencontrer pendant mon féjour fur
la côte. Il convient cependant que j'établiffe fur
ce point quelque chofe dont je me fois convaincu par moi-même.

Les Maures qui habitent la partie feptentrionale de la rivière du Sénégal, font ceux qui fe
livrent d'une manière infâme aux *guerres* de
rapine. Ils traverfent la rivière & attaquent les
nègres, dont ils amènent le plus qu'ils peuvent
arrêter. Les François, pour les y encourager, font
tous les ans des préfens aux rois maures ; mais
ils ne leur donnent leurs préfens qu'à certaines
conditions ; premièrement , que leurs fujets ne
porteront aucuns de leurs hommes aux Anglois
à Portendi , & en fecond lieu qu'ils fe tiendront
prêts en tout temps à leur fournir des efclaves.
Pour les mettre en état de remplir ce dernier
article de convention , ils ont toujours foin de
leur fournir des munitions , des fufils , & d'autres inftrumens de *guerre*.

M

Pour preuve de ce que je viens de dire, je rapporterai l'exemple fuivant.

En 1787, le roi d'Almammy avoit fait une loi qui lui faifoit beaucoup d'honneur, & par laquelle il étoit défendu qu'aucun efclave ne pafsât par fes états. Il y avoit alors plufieurs vaiffeaux qui étoient à l'ancre dans le Sénégal, & qui attendoient des efclaves. Cet édit força les courtiers à prendre une autre route, & les efclaves furent amenés dans d'autres lieux. Les François, ne pouvant en conféquence compléter leur cargaifon, firent des remontrances au roi, qui cependant ne les écouta guère ; car il leur renvoya les préfens que la compagnie du Sénégal lui envoyoit. J'ai moi-même été témoin de ce fait, & il leur déclara en même temps que toutes les richeffes de cette compagnie ne lui feroient point renoncer au parti qu'il avoit pris. Les François furent alors obligés d'avoir recours à leurs anciens amis, les Maures. Ceux-ci, qui s'étoient toujours montrés auparavant difpofés à les fervir dans ces fortes d'occafions, ne témoignèrent pas moins d'empreffement dans celle-ci. Ils partirent, & fe difpersèrent en petites troupes, pour furprendre les nègres qui n'étoient pas fur leur garde, & excitèrent parmi eux toutes les

calamités de la *guerre*. Plusieurs de ces prisonniers infortunés furent envoyés aux François,
qui continuèrent à en recevoir de la sorte pendant quelque temps Je fus une fois assez curieux
pour désirer de voir quelques-uns de ceux qui
venoient d'arriver. Je m'adressai au directeur de
la compagnie, qui me conduisit aux prisons des
esclaves. Je vis là ces captifs infortunés, enchaînés de deux en deux par les pieds ; les corps
mutilés de plusieurs d'entre eux, dont les blessures saignoient encore , m'offrirent le spectacle
le plus affreux, & la situation de ces malheureux
est plus facile à imaginer qu'à décrire. Le directeur de la compagnie faisoit cependant tous ses
efforts pour les consoler.

Voilà un exemple constant qui prouve qu'il y
a eu *une guerre au moins* entreprise dans le seul
dessein de se procurer des esclaves. Je ne peux
cependant pas m'empêcher d'observer que si je
n'avois pas eu connoissance de ce fait pendant
que j'étois sur les lieux, je n'aurois pas pu m'empêcher pour cela de croire avec raison que la
traite des esclaves étoit la cause des guerres que
les nègres se font entre eux; car dans toutes les
observations que j'ai été à même de faire (& je
suis allé sur les côtes d'Afrique , non pour y
faire aucune espèce de commerce, mais unique-

M 2

ment pour y faire des recherches & obferver), j'ai toujours reconnu les nègres pour un peuple tranquille & doux , heureux en lui-même, & jouiffant de la vie fans peine & fans travail. Si j'ai donc rencontré des guerres parmi des hommes doués de ce naturel , & placés dans une pofition à ne pas avoir de motif pour fe battre, je ne peux m'empêcher de conclure que les guerres qu'ils ont entre eux , ont été excitées dans quelques vues diaboliques, & pour aucun autre motif fans doute que celui de continuer la traite des efclaves.

CHAPITRE II.

Du pillage.

UNE feconde fource d'où les Européens tirent encore des efclaves fur la côte d'Afrique , c'eft le *pillage,* qui eft des deux genres , public ou particulier. Il eft public lorfque ce font les rois qui l'ordonnent ; particulier, lorfque ce font de feuls individus qui l'exercent. Je dois faire encore une autre diftinction , c'eft lorfque ce font les noirs & les blancs qui pillent ; cette dernière circonftance eft véritablement ce qu'on doit appeler vol, & c'eſt le ſujet de l'article qui ſuit.

Le *pillage* public eſt de tous les moyens le plus fécond & la ſource la plus abondante, d'où la traite des eſclaves tire ſes plus grands moyens pour ſe ſoutenir. Les rois d'Afrique (du moins dans cette partie du continent que j'ai viſitée), excités par l'appât des marchandiſes qu'on leur montre, & qui conſiſtent principalement en liqueurs fortes, donnent ordre à leurs troupes d'attaquer pendant la nuit leurs propres villages. C'eſt ſur-tout la nuit des ſamedis qu'ils prennent pour cela, & qu'ils regardent comme la plus heureuſe pour ces ſortes d'expéditions. Cependant, lorſque les demandés d'eſclaves ſont preſſantes, il n'y a point de nuit aſſez contraire pour empêcher qu'ils ne faſſent faire des incurſions.

Comme j'ai été moi-même témoin oculaire de pluſieurs de ces expéditions, il ſera peut-être plus à propos que je donne une idée plus exacte de ce genre de pillage, en en rapportant quelques exemples.

Les François font des préſens aux rois nègres, comme aux rois maures. Il arriva, lorſque j'étois à *Gorée*, qu'on envoya de ce lieu un ambaſſadeur au roi de *Barbeſin* pour avoir des eſclaves en diligence. J'obtins la permiſſion d'être, ainſi que mes compagnons, du nombre des ambaſſa-

M 3

deurs. En conféquence nous partîmes , & nous arrivâmes à *Joal*, lieu où le roi fait fa réfidence dans certain temps de l'année , c'eft-à-dire, lors de l'arrivée des vaiffeaux qui font la traite.

Il eft d'ufage, lorfque les préfens font reçus, d'envoyer en retour un certain nombre d'efclaves. Il arriva cependant que dans ce moment le roi de *Barbefin* n'en avoit pas à fa difpofition : cette circonftance me mit à même de voir des expéditions du genre dont il s'agit.

Nous demeurâmes environ une femaine à *Joal* ; & pendant ce féjour, le *pillage* dont je parle eut lieu prefque toutes les nuits. Celui que je vais décrire fera voir quelles font les perfonnes qui y font intéreffées , & quels furent leurs différens fuccès.

On raffembla vers le foir, c'eft-à-dire, à fix heures, quand la nuit approcha , différentes troupes de foldats. Chaque troupe étoit de dix ou douze ; chaque homme étoit armé d'un gros moufquet qu'il portoit fur fa felle, de la même manière que dans la cavalerie angloife. Ils avoient fur leurs épaules un arc & un carquois rempli de flèches. Ainfi équipés , ils alloient dans les différens villages qui appartenoient au roi , & revenoient ordinairement vers les cinq heures du matin , ou un peu avant le jour.

Quelquefois ils revenoient sans ramener un seul esclave ; dans d'autres ils étoient plus heureux. Je me souviens une fois, entre autres, de les avoir vu revenir après n'avoir pu faire qu'un seul captif ; c'étoit une jeune & belle négresse d'un des villages même appartenant au roi. Malgré ses pleurs & ses prières, elle iut aussi-tôt livrée à l'ambassadeur françois avec qui nous étions venus, & par son ordre elle fut transportée à bord.

Heureusement pour elle qu'elle appartenoit à une de ces familles qui , par leur naissance , sont exemptes de l'esclavage par les lois du pays. Cela occasionna un soulèvement ; car cette action parut à l'esprit du peuple, si injuste & si contraire aux lois établies , qu'ils furent presque sur le point de se révolter. Quand le roi eut repris ses sens (car il étoit pris de vin lorsqu'il avoit ordonné qu'on saisît cette fille), il vit & sentit si vivement les conséquences de son procédé téméraire, qu'avec la soumission la plus vile, il s'abaissa aux plus humbles prières vis-à-vis de celui à qui il avoit livré la captive, pour obtenir qu'on lui rendît cette innocente & malheureuse fille. Le François, chef de l'ambassade, quoiqu'environné de plus de deux mille noirs à la fois, & n'ayant à leur opposer que cinq blancs en me

comptant moi & mes compagnons de voyage ,
fut affez fou que de s'obftiner au point de refufer long-temps ce qu'on lui demandoit ; je dis
qu'il fut affez fou , parce que dans tous les évé-
nemens de ma vie , jamais je n'ai couru plus de
rifque de la perdre. Enfin , après bien des inftances & des fupplications , voyant que le roi
lui en promettoit en échange deux autres qu'il
comptoit prendre dans la prochaine expédition,
il fe rendit , & cette fille infortunée fut enfin
rendue aux larmes de fes parens.

Une autre fois , les foldats qu'on avoit envoyés
au pillage revinrent avec plufieurs captifs. Il y
avoit dans la troupe des hommes, des femmes,
& des enfans. Je remarquai chez les hommes
des marques fenfibles de la plus grande trifteffe ;
mais l'un d'eux fur-tout me parut prefque hors
de lui-même, & fuccomber à la douleur. Il fupplioit avec l'ardeur la plus vive ceux qui l'avoient
emmené de ne pas l'arracher à fa femme & à
fes enfans. Les femmes , d'une autre part, exha-
loient leur défefpoir en pleurs & en gémiffe-
mens ; les enfans , faifis d'effroi, preffoient le
fein de leur mère, dont ils ne vouloient pas fe
détacher ; leurs petits yeux étoient tellement
gonflés de larmes, qu'ils ne pouvoient plus pleu-
rer. Durant tout ce temps , les foldats , pour

montrer leur joie dans cette occasion , & pour
sécher les pleurs de leurs infortunés compatriotes , ne cessoient de battre sur de gros tambours. A ce bruit se joignoit tout celui qui pouvoit résulter de souffler dans des cornes & celui des
cris des assistans. Réunissant les cris de désespoir
des uns, & les éclats de joie des autres, aux instrumens les plus bruyans, l'on se formera à peine
une idée de la scène la plus infernale dont j'aie
jamais été témoin.

Ce que j'ai dit de la conduite du roi de *Bar-
besin* quand il veut se procurer des esclaves ,
est également applicable à celle des autres rois
des pays que j'ai connus. Le roi de *Damel*, dont
les états sont situés entre le Portugal & le Sénégal,
ayant besoin d'un esclave pour faire un échange
de marchandises dont il avoit fait prix avec un
négociant de *Gorée* , donna ordre à ses soldats
de prendre un de ses propres sujets. Ayant rencontré une femme (dont le mari étoit absent)
seule dans sa cabanne avec ses enfans , ils la
saisirent, la lièrent, & la séparèrent de sa jeune
famille , qui fut répoussée comme n'étant pas en
état de supporter le voyage jusqu'au bord de la
mer.

Le roi de *Sallum* , quoique jamais il ne goûte
d'aucune liqueur spiritueuse , a recours néan-

moins aux mêmes moyens , comme si , par un accord général entre les rois de l'Afrique, c'étoient des moyens qui duffent être conftamment employés. Les articles d'échange que le roi demande le plus ordinairement , font des rixdales d'Efpagne & des gourdes hollandoifes. Il les fait fondre enfemble, & alors il en forme des chaînes, des bracelets, & autres ornemens pour lui & fes favorites. Comme il a mis un prix extraordinaires à ces objets, il ne fera point difficulté en aucun temps de dépeupler un village, pour s'en procurer. Tels font les effets de l'avarice, lorfqu'elle voit quelque efpoir de fe fatisfaire.

Les vaiffeaux employés à la traite de *Sallum*, par les mulâtres de *Gorée* , font en général des chaloupes avec lefquelles ils remontent la riviere, & arrivent au bout d'environ trois jours. Leur féjour eft plus ou moins long ; mais il dure en général depuis une femaine jufqu'à un mois , felon le fuccès de ces incurfions qui n'ont d'autre objet que de fe procurer des efclaves. Lorfque ces courtiers ont complété leur cargaifon , ils reviennent à *Gorée*, où ils la délivrent dans l'efpace de huit jours ou environ. On embarque enfuite ces efclaves à la premiere occafion, pour les tranfporter dans les Colonies françoifes.

Je ne puis me difpenfer , en parlant de ces

chaloupes, de rapporter un événement dont j'ai été témoin. Un courtier mulâtre de *Gorée*, qui s'appeloit *Martin*, avoit obtenu du roi de *Sallum* une pleine chaloupe d'esclaves qu'on avoit pris dans les pillages publics dont nous avons donné la description la plus grande partie étoit des femmes & des enfans ; malgré cela, on les avoit entassés dans la chaloupe, comme si c'eût été des marchandises inanimées & des êtres dépourvus de sensibilité. Obligés, faute d'espace assez grand, de coucher sur les inégalités des planches, sans pouvoir changer de position , ces malheureux avoient beaucoup souffert dans l'espace de huit jours, qui est le temps qu'on met ordinairement pour passer de *Sallum* à *Gorée* ; car lorsque je les vis sortir de la chaloupe, ils avoient le corps meurtri de contusions, & plusieurs avoient même des blessures assez fortes. Un pauvre enfant d'environ deux ans en avoit une très profonde au côté, & qui provenoit de la position où il avoit été forcé de rester. Quand il fut mis à terre, il n'eut pas la force de se tenir debout, & en restant couché, sa plaie se ranima, & lui causa de grandes douleurs, à cause du sable qui y étoit entré. Je ne parle de cela que pour donner une idée de ce que sont les lieux où l'on renferme les esclaves, & de l'inhumanité avec laquelle se fait cet infâme commerce.

Avant de terminer ce que j'ai à dire au sujet de ce *pillage* public , je ne dois pas oublier d'ajouter que les rois de ces contrées (excepté à *Sallum*) ne conviennent point ouvertement du droit qu'ils usurpent sur la vie & la liberté de leurs sujets. C'est pour cela qu'ils s'arrangent, dans ces expéditions, de manière à pouvoir arriver de nuit dans le quartier qu'ils se proposent de piller ; en sorte qu'il est impossible alors à leurs sujets de découvrir quels sont les instrumens de ces actes de violence , & ils sont alors plutôt portés à croire que ce sont des troupes de bandits, que des émissaires de leur roi qui viennent ainsi porter chez eux la désolation.

Parlons actuellement du *pillage* qui se fait clandestinement. Celui-ci est exercé par des individus qui , tentés par les marchandises des Européens , se guettent entre eux. Pour cet effet, ils se placent sur les grandes routes & dans d'autres lieux passans, en sorte qu'un nègre qui voyage, leur échappe difficilement. Je ne finirois pas si je voulois rapporter les exemples nombreux de ce genre de déprédation. Je me contenterai d'en citer un qui pourra frapper par sa singularité.

Un maure avoit faifi un nègre libre , & s'étant affuré de fa perfonne , il l'avoit emmené au Sénégal , & l'avoit vendu à la compagnie. Quelques jours après le maure fut pris par quelques nègres de la même manière , & fut emmené dans le même lieu pour y être vendu à fon tour. La compagnie achète rarement des maures : mais comme elle eft obligée, en vertu de fes privilèges, de fournir un certain nombre d'efclaves à la colonie de Cayenne, & comme il y avoit alors plufieurs vaiffeaux en rade , & qu'en conféquence de l'édit du roi d'Almammy, dont j'ai parlé, les cargaifons étoient difficiles à compléter, on ne fe fit aucun fcrupule de les acheter dans cette occafion. Le hafard voulut que le maure , après qu'il eut été acheté , fut embarqué précifément à bord du même vaiffeau où étoit le nègre. Ils ne fe furent pas plutôt rencontrés , qu'il s'éleva entre eux une querelle qui , pendant quelques jours , occafionna un grand tumulte dans le vaiffeau. De femblables rencontres arrivent fouvent dans les vaiffeaux négriers , & le tapage qui en réfulté , ne s'appaife le plus fouvent qu'après qu'il eft arrivé quelque malheur.

CHAPITRE III.

De l'Enlevement.

JE viens de décrire les deux fortes de *pillages*, public & particulier ; je les ai même confidérés comme exercés par les noirs les uns envers les autres. Je vais actuellement en parler comme pratiqués envers les nègres par les blancs, & je l'appellerai alors *Enlevement*.

Perfonne n'ignore, du moins dans quelques endroits de la Côte, que les Européens n'ont jamais manqué, lorfque l'occafion s'en eft préfentée, de fe faifir des Africains fans défiance, & de les emmener de force dans leurs Colonies.

C'eft ce qu'ils ne manquent pas de faire dans les lieux où ils n'ont pas de comptoirs ou d'établiffement ; en forte que le fait refte alors ignoré de leurs compatriotes ; c'eft principalement en remontant les rivières fur lefquelles ils fe hafardent quelquefois pour faire une traite plus avantageufe ; c'eft dans ces lieux qu'ils forcent les nègres à leur donner des otages qu'ils gardent à bord. La trève étant conclue, les natu-

rels , trop confians , vont fouvent vifiter le vaiffeau , fans foupçonner aucune trahifon ; mais s'il
arrive que le vent foit favorable , il n'y a pas
un de ces Européens dénaturés qui fe faffent le moindre fcrupule de mettre auffi-tôt à
la voile , & d'emmener , non feulement les
nègres libres qui étoient venus à bord pour faire
des échanges , mais mêmes les otages qu'ils
avoient reçus , au mépris des lois des nations
& de toute probité.

Ces actions font non feulement iniques en
elles-mêmes , & par conféquent dérogatoires au
caractère d'une nation civilifée , mais font fouvent fi funeftes dans leurs fuites , que ceux qui
les ont commifes , méritent plus d'être regardés
comme des démons , que comme des hommes ;
car il faut croire que les parens & les amis de
ceux qui ont été enlevés par une fraude auffi
abominable , n'épargneront rien pour fe venger.
Le prochain vaiffeau qui paroîtra dans le même
lieu , fera peut-être exterminé , & c'eft ainfi qu'à
une action auffi méchante , il faut ajouter la
faute de devenir la caufe inftrumentale du meur-
tre peut-être de leurs compatriotes , & de faire
retomber fur l'innocent le châtiment du coupable.

Voici ce que j'appris en 1787, pendant que

J'étois à Gorée : je le tiens de quelques François qui faisoient le commerce des hommes sur
la rivière de Gambie.

Le capitaine d'un navire anglois qui avoit
demeuré quelque temps dans cette rivière, avoit
attiré plusieurs naturels à son bord , & ayant
trouvé l'occasion favorable, il mit à la voile, &
les emmena. Son vaisseau , par un effet de la
providence , fut cependant repoussé vers la côte
d'où il avoit mis à la voile , & fut forcé de jeter
l'ancre précisément dans le lieu même où cet
acte de trahison s'étoit passé (1). Les naturels
avoient résolu de se venger, & leurs dispo-
sitions étoient faites. Ils se rendirent donc en
foule au bord de ces trois navires , & s'en
étant rendus les maîtres, ils égorgèrent la majeure
partie des équipages. Le petit nombre de ceux
qui échappèrent & en apportèrent la nouvelle,
furent obligés de se réfugier dans un comptoir
françois qui étoit dans le voisinage. C'est ainsi
que l'innocent paya pour le coupable ; car il ne
parut pas que les deux autres vaisseaux eussent
été complices du capitaine françois.

---

(1) Il y avoit alors deux autres vaisseaux anglois
dans la même rivière.

Ces

Ces détails nous parvinrent à *Gorée*, & par une voie nullement suspecte. Il est à remarquer cependant que, quoique je n'eusse nullement besoin que ces nouvelles me fussent confirmées pour y croire, cependant, depuis mon arrivée à Londres, je les y ai entendu répéter dans le plus grand détail ; car je dînai par hasard avec un commis aux écritures, qui, sans dessein, ayant rapporté le temps, le lieu & d'autres circonstances de cette affaire, me convainquit que ces mêmes vaisseaux, dont j'ai raconté la funeste aventure, étoient les mêmes que ceux dont il déploroit la perte dans le même endroit & à la même époque.

CHAPITRE IV.

Des trahisons ou stratagémes.

SOUS la dénomination de *trahisons* ou *stra-tagémes*, on peut comprendre les divers autres moyens dont on se sert pour se procurer des esclaves, puisque ce n'est que la même pratique sous des modes différens. J'espère qu'il suffira d'un ou deux exemples, pour mettre le lecteur en état de juger du reste, sans lui faire perdre fon temps à des répétitions inutiles. Car les ftratagêmes qu'emploient ceux qui font la traite, pour avoir des efclaves, font fi variés & fi multipliés, que pour les recueillir il faudroit un volume entier.

Un négociant françois de *Gorée* ayant pris terre auprès d'un village, aperçut un nègre d'une belle taille. Il s'adreffa fur le champ au chef du village, pour qu'il le fît arrêter. Sur la propofi- tion du chef, les habitans confentirent unani- mement à lui accorder fa demande ; car c'eft une loi dans cet endroit, que fi tout un village y confent, tout étranger fe trouvant parmi eux peut être fait efclave. Or il n'eft pas bien diffi- cile d'obtenir le confentement général d'un vil- lage. Les Africains en général, ainfi que tous les autres peuples qui ne font pas plus civilifés qu'eux, font gouvernés par leurs paffions, & il fuffit au prince de leur diftribuer une certaine quantité de liqueurs fpiritueufes, pour obtenir de fes fujets tout ce qu'il défire. C'eft précifé- ment ce qui arriva dans cette circonftance ; & le nègre infortuné, leur voifin & leur ami, venu pour les vifiter, fut arrêté & envoyé en efcla- vage. Sa femme, inftruite de fa captivité, ac- courut fondant en larmes ; elle demanda qu'on l'achetât auffi, afin de ne pas être féparée de fon époux , & de partager son sort ; mais celui qui avoit acheté le mari , n'avoit pas sans doute les moyens ou le temps d'acheter la femme, & ses prières furent vaines.

Le roi de *Sallum* , sous prétexte d'avoir besoin de millet , attira chez lui une négresse d'un village voisin. Flattée de l'espoir de vendre sa denrée avec avantage , elle ne prit pas garde à l'imprudence de la démarche qu'elle faisoit , & elle se rendit chez le roi , qui non seulement la priva sur le champ de son millet , mais la fit arrêter, & la vendit en esclavage.

Je ne terminerai pas ce que me suggèrent les différentes méthodes de se procurer des esclaves, sans rapporter un exemple qui prouvera bien clairement les suites fâcheuses de la traite des nègres & les effets funestes qu'elle produit sur le cœur humain.

Un des rois maures avoit reçu du directeur de la compagnie du Sénégal , le prédé-cesseur de celui qui la dirige aujourd'hui , les présens accoutumés, en retour desquels il s'étoit engagé à lui procurer des esclaves. Ayant mis du retard à remplir ses engagemens, il reçut un message de la part du directeur, qui lui repré-sentoit les besoins urgens de la compagnie. Le roi , se voyant ainsi pressé , lui offrit à compte un nègre qu'il avoit : ce nègre n'étoit rien moins que son propre ministre, qui, depuis plusieurs années, étoit son ami de confiance & son fidèle conseil. Le directeur, choqué de ce procédé, s'efforça de lui faire sentir l'indécence de sa conduite ; mais ses représentations ne serviroient de rien. Le nègre, en la présence duquel l'offre avoit été faite, voyant l'obstination avec laquelle son indigne maître persistoit dans son dessein, courut à lui, lui ôta son poignard, & s'en perça le cœur, en disant : « Tiens, barbare, j'aurai la » satisfaction de mourir ayant que tu aies pu » goûter aucun des avantages que tu voulois » retirer de ta vile ingratitude envers le meilleur » des serviteurs (1) ».

____

(1) On doit admirer sans doute la générosité d'une pareille action, & en même temps le caractère naturel des Africains, dont l'indignation, loin de les porter à se venger, quand ils le peuvent, se contente de faire retomber sur eux les coups dont ils auroient pu frapper leurs oppresseurs. A chaque instant on rencontre des preuves semblables de l'élévation d'ame des Africains, & l'on ne peut s'empêcher de gémir en voyant ces peuples maintenus dans l'état de barbarie où ils restent, par le complot & la convention des Européens. (*Note du Traducteur*).

SECTION II.

De la manière dont les nègres font traités par les Européens.

CHAPITRE PREMIER.

Des nègres confidérés comme faifant la traite.

DE tous les points de vue fous lefquels on peut confidérer l'intérêt perfonnel, le principe de tout commerce, il n'en eft pas de plus humiliant & de plus bas que celui qui a rapport à la traite qui fe fait entre les blancs & les noirs. La fraude & la violence qu'en général le plus fort imagine avoir droit d'exercer fur le plus foible, force ces derniers, à leur tour, d'avoir recours à des manœuvres auffi baffes que cruelles. Tel eft le tableau véritable de la baffeffe des moyens & de la barbarie dont fe fervent les blancs envers les noirs, & ces derniers envers leurs propres fujets.

N 3

Les nations européennes ont , dans ces myſ-
tères d'iniquité , un avantage décidé ſur les
nations groſſières de l'Afrique , & exercent par
conſéquent les plus honteux artifices avec impu-
nité. Il n'eſt point de ruſes & de perfidies odieu-
ſes dont ils ne ſe ſervent dans l'échange des
marchandiſes avec les nègres. Par exemple, au
lieu des bouteilles ou des barils d'eau – de-vie
convenus pour la jauge , ils en ſubſtituent d'autres de même apparence , mais de capacité moins
grande quelquefois de moitié. On tire avantage
de la difficulté qu'ont les nègres de compter au
delà de dix (1) , pour les tromper & retrancher
une grande partie des objets convenus dans le
marché. On altère avec de l'eau les vins & eaux-
de-vie qu'on leur a fait goûter dans leur pureté.
On les trompe ſur tous les poids & ſur toutes les
meſures ; & afin de mieux réuſſir dans ces fripon-
neries , ils commencent par éloigner la méfiance
des nègres en les enivrant, & parviennent ainſi à
faſciner leurs yeux & leurs ſens , de façon à mul-
tiplier ou groſſir tous les objets qu'ils leur pré-

---

(1) Ce n'eſt pas par-tout de même. La plupart des
nègres, au contraire , qui font le commerce des eſclaves, comptent, & ſans le ſecours de la plume , bien
mieux que les Européens. (*Note du Traducteur*).

fentent. Cette manière de traiter eft regardée comme la plus modefte qu'on puiffe employer, & il n'eft pas un feul Européen qui fe faffe le moindre fcrupule d'y avoir recours dans toutes les occafions. J'ai été moi-même très-fouvent le témoin oculaire de ces indignes procédés.

CHAPITRE II.

Des nègres confidérés comme efclaves.

ON diftingue fur les côtes d'Afrique deux fortes d'efclaves ; favoir , ceux qui defcendent immédiatement de parens efclaves, & ceux qui font réduits en efclavage par les moyens que nous venons de faire connoître. Les premiers font rarement vendus , fi ce n'eft pour crime de vol ; mais la plus légère faute de ce genre fert fouvent de prétexte pour les vendre. J'ai vu à *Gorée* plufieurs ventes publiques de jeunes femmes (1) accufées de petits larcins qui méri-toient à peine le nom de crime ; les traitemens

---

(1) La décence ne me permet pas de décrire les traitemens que le fexe éprouve de la part des blancs qui font la traite des efclaves.

que ces derniers éprouvent font doux, en comparaifon de ceux des malheureux qui font faits
efclaves par fraude, & qui font traités exactement
comme des bêtes fauvages. On les renferme dans
des prifons ou donjons qui reffemblent à des
cavernes, où ils font couchés nus fur la terre,
accumulés enfemble & chargés de fers. Cette
prifon mal-faine & étroite leur caufe des maladies de peau. Ils mangent dix ou douze dans
une auge, exactement comme des cochons.
L'on en prend même moins de foin que de
ces animaux, pendant qu'ils font renfermés
dans ces cachots, & jufqu'à ce qu'on les ait
entaffés dans les navires négriers ; mais ils ne
font pas mieux traités àbord, s'il en faut croire
ce qu'on dit de la plupart de ces traverfées.

Je fuis fâché que l'humanité force de divul-
guer ici la conduite barbare que les François
qui font la traite, tiennent envers les efclaves
durant la traverfée. J'ai ouï affurer à plufieurs
négocians & capitaines de ce pays-là, que lorfqu'il furvenoit des calmes ou des vents contraires
qui occafionnoient une difette d'eau & de provifions, ou que lorfqu'il fe déclaroit quelque
maladie funefte parmi les efclaves, on ne manquoit jamais de mêler du fublimé corrofif, ou
quelque autre poifon actif avec leurs alimens,

& d'expédier ainsi de sang froid les malheureux confiés à leur garde. Les capitaines assurent que ce seroit manquer de prudence que d'entreprendre un semblable voyage sans être muni de quelque poison (1); & ils se vantent encore d'être moins cruels que les Hollandois & les Anglois, qui, dans de pareilles circonstances, jettent sans cérémonie ces innocentes victimes à la mer (2).

Mon journal me fournit un bien triste exemple de cette cruelle méthode. L'anecdote m'a été communiquée par le capitaine L., du Havre-de-Grace. Il y a environ deux ans qu'un navire négrier appartenant à quelque armateur de Brest, ayant éprouvé un calme durant la traversée, manqua d'eau & de provisions. Le capitaine,

---

(1) Depuis mon arrivée à Londres, cette horrible méthode a été certifiée véritable par plusieurs François dont le témoignage est des plus respectables.

(2) Ce crime est si atroce, qu'il devient incroyable; & s'il est possible qu'il ait été commis, ce n'est pas une raison pour qu'il soit souvent répété. Les dépositions de quelques François ne prouvent pas qu'un usage aussi affreux soit & puisse jamais être adopté par une nation aussi jalouse de sa réputation que de ses principes. (*Note du Traducteur.*)

dans cette circonstance, eut recours au poison, au moyen duquel il expédia un si grand nombre d'esclaves chaque jour, que de *cinq cents* qu'ils étoient, il n'en arriva que *vingt-un* au Cap François.

SECTION III.

*Si les nègres sont naturellement indus-
trieux.*

CHAPITRE PREMIER.

Dans les pays étrangers.

IL paroît, d'après plusieurs expériences faites
sur différentes plantations dans les Indes occidentales , que les nègres que l'on fait travailler,
non à la journée , mais par corvée , ont donné
des preuves d'adresse & d'industrie (1).

---

(1) On trouvera , à la fin de ces observations, une
preuve remarquable & bien authentique de ce fait inté-
ressant.

CHAPITRE II.

Industrie des noirs dans leur propre pays.

Comme la liberté & la raison, les deux grands mobiles de toutes les actions des hommes, ne font pas encore développées chez les peuples de l'Afrique, qui n'ont resté dans un état d'enfance que parce que leurs facultés intellectuelles n'ont pas été cultivées, & que par conséquent leurs befoins n'ont pas été bien nombreux, on pourroit conclure peut-être que les nations groffières ne font pas fufceptibles d'être civilifées ; mais cette opinion s'évanouira bientôt, quand on réfléchira que les preuves de leur induftrie doivent dépendre entièrement de la manière de former leur jugement. Il faudroit néceffairement leur préfenter de nouveaux objets, afin d'exciter de nouveaux défirs, & faire développer les facultés qui ont resté cachées, faute d'être mifes en exercice ; il faudroit enfuite, à mefure que leurs progrès augmentent, introduire parmi eux ce que nous appelons en général du luxe ; mais je n'entends pas par luxe, l'abus des chofes commodes qui énervent les hommes, mais un ufage modéré de ces objets qui ne font qu'exciter leur activité.

La conduite du roi de *Barbefin* m'a convaincu que le degré modéré de luxe pourroit s'intro-duire aifément parmi les peuples de la côte. Je lui donnai une paire de boutons de manches en émail commun, qui lui fit le plus grand plai-fir, quoi qu'il n'en connût point l'ufage. Quand je lui eus appris à quoi cela pouvoit fervir, il parut très - mortifié de ce qu'il n'y avoit point de bou-tonnières à fa chemife. Ayant remarqué que celle d'un mulâtre de *Gorée* étoit différente à cet égard, il voulut abfolument en changer avec lui en notre préfence, & le mulâtre fut obligé d'y confentir. Enchanté de ces nouveaux ornemens, le roi leva les bras en l'air pour faire voir fes boutons au peuple. Ses courtifans environnèrent bientôt ma cabane, en me fuppliant de leur donner auffi des boutons de manches, ce que je fis avec plaifir. Cet amour paffionné que les Africains ont pour toutes les bagatelles euro-péennes, eft une preuve qu'on pourroit établir parmi eux un commerce avantageux qui coûte-roit peu de peine & de frais.

La conduite du roi actuel d'*Almammy* (autre

fois grand Marabou (1)), eſt plus intéreſſante pour l'humanité, & prouve la fermeté du caractère mâle des nègres, lorſqu'ils ont acquis quelques lumières. Comme ſon eſprit a été plus cultivé dans ſa jeuneſſe que celui des autres princes noirs, il s'eſt rendu tout à fait indépendant des blancs. Il a non ſeulement défendu la traite des eſclaves dans ſes états, mais (en 1787) il n'a pas voulu même permettre aux François de faire paſſer par ſes états les captifs de *Gallam.* Il rachète ſes propres ſujets lorſqu'ils ont été pris par les Maures, & il les encourage à élever des troupeaux, à cultiver la terre, & à exercer leur induſtrie de toutes les manières. Comme grand marabou, il s'abſtient de liqueurs ſpiritueuſes ; ce n'eſt pas cependant une règle générale parmi cet ordre ; car quelques-uns d'entre eux, qui voyagent avec les blancs, ne ſont pas ſcrupuleux à cet égard. Ses ſujets, à ſon imitation, ſont beaucoup plus ſobres que leurs voiſins.

Ceci prouve à quel degré de civiliſation on pourroit porter ces nations, ſi l'on entreprenoit

----

(1) Les Marabous ſont les principaux prêtres parmi les nègres, & ſont les ſeuls qui ſachent lire & écrire l'arabe.

un jour ce grand & bel ouvrage avec la prudence
& la patience néceſſaires ; mais je ne crois pas qu'on
pût y parvenir ſans y introduire un peu de luxe.
Que ſerviroit de cultiver l'eſprit humain , ſi le
luxe , que je ne conſidère que comme la perfection des choſes d'agrément & de commodité ,
ne ſuivoit pas les progrès de la civiliſation ? A
la vérité , l'un ne pourroit avoir lieu ſans l'autre.
Les nations qui ſont dans l'état de groſſiereté , ne
ſont guidées que par un inſtinct purement animal pour ſe procurer leur ſubſiſtance ; mais
auſſi-tôt que leur jugement & leur eſprit commence à ſe former , par le moyen de la réflexion,
ſur ce qui peut rendre la vie plus agréable , au
delà du néceſſaire , le luxe doit néceſſairement
s'introduire parmi elles (1).

---

(1) J'entends par luxe , toutes les jouiſſances qui
vont au delà du pur néceſſaire de la vie animale. Par
conſéquent vivre en ſociété civiliſée eſt déjà une ſorte
de luxe ; & s'il eſt néceſſaire de cultiver notre eſprit,
nous devons auſſi être indulgens dans l'uſage d'un mot
dont on abuſe ſi généralement aujourd'hui.

SECTION IV.

Description de la Côte.

CHAPITRE PREMIER.

Du climat.

LE climat de la Côte de Guinée , comme celui des autres pays , varie selon la nature du sol , de son élévation , de son abaissement , l'état comparatif de son amélioration , & autres circonstances sur lesquelles on n'a pas fait peut-être assez de recherches. La latitude du lieu n'est nullement un moyen de déterminer la nature de son climat , puisque même , sous la zône torride , on y trouve tous les degrés possibles de la température. Les terres élevées de Camaron , particulièrement , sont couvertes de neiges éternelles , quoique distantes seulement de trois ou quatre degrés de la ligne.

L'opinion générale est que les climats les plus mal-sains de la côte d'Afrique sont ceux du Sénégal

Sénégal & de Juda. Les lieux voisins des bords de la rivière de Gambie, quoique les plus fréquentés dans ces derniers temps, sont cependant tous aussi pernicieux que ceux dont nous venons de parler, sur-tout durant les grandes pluies, & immédiatement après qu'elles ont cessé. On peut conclure en général que les lieux bas & marégeux sont très-funestes à la santé des Européens qui ont tout à craindre des excès de tout genre auxquels ils pourroient se livrer. Mais la sobriété & un exercice modéré sont sans doute les moyens les plus sûrs de se garantir des effets d'un changement soudain de climat. Moyennant ces précautions, le corps s'habitue peu à peu à ces influences nouvelles, ainsi que l'expérience l'a démontré ; & cet heureux effet se fait sentir plutôt ou plus tard, selon le degré de force ou de foiblesse de l'individu, selon le genre d'éducation qu'il a reçue, & les habitudes qu'il a contractées dès ses premières années. On peut encore résister aux mauvaises influences de ces climats, en choisissant pour son habitation, pendant la saison la plus mal-saine de l'année, un lieu élevé. Pour moi, quoique je fusse arrivé sur les côtes durant cette saison, j'ai échappé à toutes les maladies du pays, & je l'attribue au régime sobre que j'ai eu soin d'observer. Durant une

O

épidémie cruelle qui régna au Sénégal pendant
que j'y étois, pas un feul officier ou négociant
ne fut atteint de cette maladie , quoique réfi-
dant à terre ; mais de onze matelots du navire
dans lequel je revins en Europe , fix périrent
dans l'efpace d'un mois. Il faut cependant obferver que les matelots, par la tyrannie ou la négligence des capitaines, par l'effet de la nourriture
mauvaife ou infuffifante qu'on leur donne ,
& par d'autres maux qu'ils font dans le cas d'en-
durer , font fouvent expofés à plufieurs caufes
de maladies qui n'affectenr point les perfonnes
qui fuivent, à terre, un régime régulier, maladies auxquelles font plus ou moins fujets les
équipages des vaiffeaux des compagnies, dont
le monopole eft extrême , ou ceux des individus négocians, qui , *faifant peu de cas de la
vie des hommes*, n'ont rien en vue dans leurs
fpéculations que leur feul intérêt (1). On a obfervé que les Européens d'une conftitution plutôt
délicate, fe font en général le mieux portés fur la
côte de Guinée.

____

(1) Il eft à propos de remarquer que depuis que le vin
a été fubftitué à l'eau-de-vie, dont on s'étoit toujours
fervi, durant les trois dernières années, parmi les troupes
de France, leur fanté a été incomparablement meilleure.

D'après ce que j'ai pu obſerver ou apprendre, il paroît que la ſaiſon des pluies ſuit le
paſſage du ſoleil de l'équateur dans chaque tropique, de façon qu'elle règne toujours dans
les lieux où les rayons de cet aſtre ſont verticaux.
On m'a dit que rarement elles tombent avant
le mois de juin dans l'eſt du cap des Palmes,
lorſque le ſoleil revient du tropique ſeptentrio-
nal ; mais que ces ſaiſons commencent en général dans le mois de mai vers l'oueſt de ce cap,
& y continuent pendant trois ou quatre mois.
Les nègres profitent du commencement de cette
ſaiſon, où la terre eſt ramollie par la pluie,
pour labourer & ſemer leurs champs, & c'eſt
après le retour de la ſéchereſſe qu'ils cueillent
leurs moiſſons ; occupation qu'ils abandonnent
rarement, lors même qu'ils ſont attirés par le
commerce le plus avantageux. J'ai tout lieu de
croire que ſi la Côte étoit cultivée dans l'étendue de ce ſol qui, en général, en eſt par-tout
ſuſceptible, le climat deviendroit bien meilleur.

CHAPITRE II.

Du sol.

LE sol est très-inégal tout le long de la côte ; il est en général très-sablonneux depuis le cap Blanc, en descendant jusqu'à la rivière de Gambie ; mais comme le sable est formé de coquillages réduits en poudre, & qu'il est recouvert dans plusieurs endroits d'un terreau noir excellent, il doit être très-favorable à la végétation. Les lieux les plus stériles de cette partie du pays, excepté cependant le rivage immédiat de la mer, sont couverts de gazons & de buissons, & la végétation est très-riche, les arbres mêmes sont très-beaux par-tout où l'on trouve de ce terreau noir. J'ai remarqué que les montagnes sont en général composées de basaltes plus ou moins réguliers, qui attestent l'existence de volcans prodigieux dont les éruptions ont beaucoup fertilisé les terres qui les environnoient. C'est pour cela que les montagnes & les terres élevées du Cap Emmanuel, de Gorée, du Cap Rouge, & autres lieux moins élevés, sont communément très-fertiles. Les terrains où le riz vient le plus beau, sont en général bas, marécageux, & mal-sains.

CHAPITRE III.

Des produ&ions.

DES ANIMAUX. Le bétail de la côte eſt plus petit que celui d'Europe ; les beſtiaux ne ſont pas auſſi gros que ceux d'Angleterre ſou de Hollande ; cependant leur chair eſt très-nouriſſante, & ils donnent du lait en grande abondance. Cette infériorité dans la grandeur me paroît provenir de la négligence & du peu d'intelligence avec laquelle les nègres les gouvernent. J'ai vu vendre une fois quatre bœufs 18 livres ſterlings. Il faut que les troupeaux ſoient nés ſur la côte, car ceux de l'étranger n'y réuſſiſſent pas. Ceux même des iſles du cap Verd ſont dans le même cas. Toute la côte eſt abondamment fournie de moutons, de cochons, & de volailles de toute eſpèce qui y propagent avec une rapidité ſurprenante. Les nègres ſont très-adonnés à la chaſſe & à la pêche, quoiqu'ils n'aient cependant qu'une idée très-groſſière des moyens mécaniques qui peuvent faciliter les arts. Si je ne l'avois vu de mes propres yeux, je ne pourrois me faire une idée de la prodigieuſe quantité de poiſſons que l'on

trouve par bancs dans ces parages. Il y a beaucoup de baleines fur la côte; & en allant de
Gorée au Continent , diftant d'environ cinq
milles , j'ai fouvent rangé la côte au milieu des
bancs de ces poiffons , & j'avoue que j'ai eu
grand' peur que mon canot ne fût renverfé par
ces animaux. Dans la partie la plus baffe de la
côte , les Anglois & les Portugais font une pêche
confidérable de ces baleines. On trouve fur la
côte une fi grande quantité d'ambre gris , que
j'ai vu plufieurs fois les nègres payer leur canot
avec cette fubftance. Il y a peu de temps que
les favans étoient encore embarraffés de favoir
auquel des règnes de la nature il falloit attribuer
cette production ; mais aujourd'hui on eft affez
généralement d'accord que c'eft l'excrément des
baleines.

DES VÉGÉTAUX. Le gazon de ce pays
eft très-épais, & s'élève à une très-grande hauteur.
Les naturels font fouvent obligés de le brûler,
pour empêcher les bêtes fauvages de fe faire des
retraites dans les champs ; mais bientôt il re-
prend fa première épaiffeur. Le millet, le riz, les
patates, les fèves, & plufieurs autres excellens
végétaux croiffent fur la côte, fans exiger beaucoup de culture, & dans une profufion qui fur-

prend toujours beaucoup un Européen. Telle eſt
en effet la fertilité qui règne ſur la côte , que tous
les vaiſſeaux européens ſont approviſionnés ſans
qu'il en réſulte le moindre inconvénient pour les
habitans. On y trouve auſſi les fruits les plus ſains
& les plus excellens dans la même abondance ;
un article non moins important encore que ceux
dont nous venons de parler , c'eſt que des cannes à ſucre ſauvages croiſſent naturellement dans
pluſieurs endroits, ce qui prouve que cette plante
réuſſiroit parfaitement dans ce pays, ſans exiger
beaucoup de culture. On peut en dire de même
de la plante du tabac. On trouve encore ſur ce
ſol excellent différentes eſpèces de coton qui
croiſſent d'elles-mêmes ; l'une d'elles peut ſe
filer ſans être cardée, & preſque ſans aucune
préparation. Les nègres le filent très-fin, & en
font une étoffe qui eſt bonne, mais étroite (1).

L'indigo de différentes eſpèces y croît naturellement, & dans l'état ſauvage ; il y vient même
en ſi grande quantité , qu'il fait grand tort au

---

(1) La première exportation conſidérable de coton
& d'indigo qui fut faite de la Côte en Europe , ſe fit ,
ſi je ne me trompe , en 1787 , pendant que j'étois à
Gorée , par un François qui avoit réſidé quelque temps
dans cette iſle.

riz & au millet dans les champs. Par quelle fatalité l'homme , pouffé par un égoïfme auffi extravagant que ridicule , veut-il toujours renverfer l'ordre de la nature & s'impofer par-tout des travaux fuperflus ? Quelle néceffité d'exiler cette plante du fol & du climat que la nature lui avoit affignés, pour la tranfplanter dans un pays où elle eft loin de croître & de fe developper auffi bien que dans fon lieu natal , & où elle manque tous les trois ou quatre ans ? Les teinturiers qui ont effayé l'indigo d'Afrique , affurent qu'il eft meilleur que celui qui vient de la Caroline & des Indes occidentales. Des perfonnes connoiffeufes ont examiné avec foin des échantillons d'indigo que j'ai apportés de la côte avec moi , & les ont trouvés d'une qualité fupérieure.

La gomme eft un autre article précieux , & ne croît pas feulement , comme quelques - uns l'ont penfé , dans le voifinage du Sénégal; on en trouve auffi dans prefque toutes les parties de la côte, quoique les nègres n'aient pas encore appris la manière de la recueillir , ce qui n'eft pas cependant une opération bien difficile. Mon compagnon de voyage , le docteur Sparman , fit un extrait d'une grande quantité de fuc d'un arbre petit , mais très-juteux , qui croît en abondance fur la côte ; & après avoir expofé le fuc pendant quelques heures au foleil, il eut la fatis-faction de le voir fe convertir en gomme élafti-que, analogue à tous égards à celle qui eft con-nue fous le nom de *frottoir des Indes*. On trouve auffi fur la côte une grande variété de bois les plus beaux & les plus precieux, dont la plupart font à peine conrus même des botaniftes. J'en ai apporté des échantillons de quatorze efpèces , dont un eft très - remarquable par fa couleur qui eft du rouge le plus vif & le plus beau. Il y a parmi les différentes plantes qui croiffent fur la côte, une efpèce d'aloës dont les nègres fe fervent pour faire d'excellente corde. Ils font des nattes & des panier avec différentes efpèces de racines & de feuilles, & leurs manufactures en ce genre produiffent réellement des objets très-élégans ; c'eft l'art dans lequel ils paroiffent égaler , finon furpaffer les européens.

Des minéraux. A l'exception de quel-ques effais fuperficiels, & qui n'ont pas réuffi, faits par le chevalier de la Brue au commence-ment de ce fiècle , les Européens n'ont jamais fait aucune recherche particulière fur les *miné-raux* de cette côte, qui cependant mérite bien l'attention des naturaliftes , quand on fait fur-tout dans quelle abondance on trouve de l'or dans l'intérieur du Continent , malgré le peu d'intelligence & de moyens qu'ont les nègres pour le retirer des mines. Ce feroit fans doute un objet bien important, que de faire un examen exact & fuivi des productions métalliques des montagnes , particulièrement de celles de *Sierra-Leona* , & du pays adjacent. J'ai trouvé à *Galam* une efpèce de fer très-dur & excellent , & que les nègres mettent en œuvre avec beaucoup d'in-duftrie (1)

---

(1) Les obfervations minéralogiques faites par mon compagnon de voyage , le capitaine Arrhénius , fur cette partie de la Côte que nous avons parcourue , relativement fur-tout aux volcans , feront fans doute du plus grand intérêt , lorfque le temps lui aura per-mis de les rédiger.

OBSERVATION. — Je ne peux me difpenfer de dire ici que M. Geoffroy de Villeneuve , jeune offi-cier françois , & habile naturalifte , qui a fait , en 1787 , un voyage très-étendu dans l'intérieur du pays fitué au deffus de Gorée , fera fûrement bien-tôt connoître une defcription fidèle de ces lieux , & d'autant plus intéreffante , qu'il a étudié avec des connoiffances profondes & des foins infatigables , le caractère des habitans & la nature du pays , de manière à faire le plus grand honneur à la philofo-phie de ce fiècle.

SECTION V.

Des obstacles qui s'opposeront aux établissemens des Européens sur la côte de Guinée.

CHAPITRE PREMIER.

Fausses opinions.

LA diminution de valeur des îles des Indes occidentales sera sans doute l'objection la plus forte contre les établissemens qu'on pourroit former sur la côte de Guinée ; mais cette objection, qui, pour être réfutée, n'exige pas une profonde politique, n'étant fondée que sur des principes faux & intéressés, pourroit être combattue facilement, si la brieveté que je me suis imposée me permettoit d'entrer dans cette discussion. Je me contenterai de dire que supposer que les nations européennes, qui ont des colonies dans les Indes occidentales, souffriroient des établissemens que l'on feroit en Afrique, est aussi abfurde & auffi déraifonnable que de fuppofer que la propriété d'un homme feroit léfée en le mettant en poffeffion d'autres biens en furcroît de ceux qu'il poffède déjà. En admettant que les anciennes colonies diminuaffent de valeur , la perte fera plus que compenfée pour l'état par les établiffemens qu'on formeroit dans un pays très-étendu , qui offre de lui-même les mêmes productions devenues fi néceffaires au degré de luxe où les fociétés civilifées font parvenues aujourd'hui. Je me fuis convaincu fur la côte de toute la force de cette objection , & je me fuis aperçu clairement que cette circonftance feule avoit empêché jufqu'à préfent les différentes puiffances de former des établiffemens en Afrique. J'ai cependant reconnu que tôt ou tard les établiffemens auroient lieu , & qu'ils ne manqueroient pas de réuffir & de fe fortifier , & qu'il en réfulteroit enfin les plus folides avantages pour toutes les nations qui les poffféderoient , & fur-tout pour celles qui feroient les premières à former une entreprife auffi profitable (1).

---

(1) Dire qu'il eft néceffaire qu'une nation *libre* , *commerçante* , & *laborieufe* recherche des établiffemens étrangers , lorfque la *population* & *les produits des*

Mais fi les monarques, qui veulent même le bien avec le plus de force , font entourés de courtifans remplis de vues d'intérêt & d'avarice, qu'ils déguifent fous les dehors trompeurs d'in-

---

manufactures croiffent dans la même proportion, eft une vérité auffi évidente, que fi l'on difoit que la *popu-lation* & le *commerce* doivent néceffairement diminuer quand on *n'accorde pas d'efpace* à la première & quand on *cherche un entrepôt* au dernier. Il eft donc vrai que la faine politique fuggère que le gouverne-ment doit , avec le foin d'un père tendre & pré-voyant, préparer des endroits convenables pour rece-voir la furabondance de la population & des produits, principe que peu d'états ou de capitales femblent avoir obfervé dans l'établiffement des Colonies. Je me pro-pofe , dans un autre effai , de faire voir que cette erreur fondamentale eft la vraie caufe de la dépenfe ruineufe & infoutenable dans laquelle toutes les colo-nies européennes ont entraîné les puiffances dont elles dépendent. Je propoferai un plan dont je crois que l'adoption préviendra efficacement des conféquences auffi ruineufes dans tous les établiffemens que les Euro-péens pourroient former par la fuite. Je ferai auffi l'énumération détaillée de la Côte de Guinée, & des denrées européennes que préfèrent fes habitans, & j'in-diquerai quelques moyens & quelques précautions qu'il eft bon de prendre quand on commerce avec eux & quand on les fréquente ; enfin je ne négligerai aucun des détails qui pourroient être utiles & intéreffans.

térêt national, peut-on efpérer que les lumières qui émanent d'une vafte politique, & qui pourroient diffiper les épaiffes ténèbres dont les fouverains font enveloppés, puiffent les difpofer à adopter des plans dont l'étendue puiffe être avantageufe aux hommes & conformes aux vaftes lois de la nature ? La France & l'Angleterre, les royaumes les plus floriffans de l'univers, & qui donnent des lois au refte de l'Europe, n'éprouvent-ils pas l'influence des puiffans poffeffeurs des anciennes colonies & des riches négocians qui fe font emparés du commerce 'e leurs productions ? Il eft impoffible que des recherches, fi délicates dans leur nature, foient faites avec cette pureté & cette exactitude incorruptibles, au travers des obftacles que ne cefferont d'y mettre l'orgueil & l'avarice des planteurs & des faifeurs de fucre, qui ne fe laiffent guider que par un vil intérêt perfonnel. (1).

---

(1) Je ne peux m'empêcher de faire quelques réflexions fur les étranges moyens que les François emploient pour encourager cet exécrable commerce. Ils accordent à leurs négocians une prime de 150 liv. tournois pour chaque efclave qu'ils importent à Cayenne & à la Guienne françoife ; 100 livres pour ceux qu'on porte dans la partie méridionale de *Saint-Domingue ;*

CHAPITRE II.

Des maladies.

ON peut mettre au rang des plus grands inconvéniens qui s'oppofent aux établiffemens des blancs en Afrique, les maladies auxquelles le climat de la côte rend fujets les Européens. Heureufement pourtant qu'il eft poffible de les p. venir en choififfant les lieux élevés & en formant d'abord le premier établiffement dans une île, en maintenant l'efprit des nouveaux colons dans un état qui ne puiffe point donner accès à

---

80 liv. pour la *Jérémie* & fes dépendances ; 60 livres pour *Sainte-Marie*, *Léogane & le Port au Prince*; & 50 livres pour le *Cap François* & fes dépendances. —Outre cela , le gouvernement paye 40 livres par tonneau à tous les vaiffeaux qui vont à la Côte , & ils font encore plus favorifés que tout autre dans leur capacité. Ces primes , accordées pour encourager la vente de la chair humaine , font la caufe & la fource des abus les plus abominables , abus qui crient vengeance devant le ciel, & qui font ou ne peut pas plus funeftes au gouvernement qui les maintient & les fomente.

la mélancolie ni à aucune affection défagréable de l'ame ; en les accoutumant, comme je l'ai déjà obfervé, à un degré modéré d'exercice ; en les préfervant foigneufement des brouillards & de l'humidité dans les faifons pluvieufes ; en leur donnant une nourriture faine, ou en leur faifant obferver un régime régulier, & en maintenant la liberté du ventre. Ces précautions font les anti-dotes les plus sûrs contre les mauvais effets qui réfulent ordinairement d'un changement foudain de climat. C'eft un fait confirmé par l'obferva-tion, qu'excepté les morts accidentelles ou les épidémies, maladies auxquelles tout pays eft fujet ainfi que l'Afrique, les maux dont j'ai parlé règnent principalement parmi cette claffe de gens qui fe laiffent entraîner par leurs paf-fions brutales au delà des bornes de la raifon, & dont les facultés intellectuelles font toujours dominées par les fens. Rien n'eft plus commun & plus funefte à cette claffe que l'excès de la boiffon. Néanmoins il exifte fur les lieux des médicamens très-connus parmi les nègres, qui guériffent efficacement les maladies dont on ne peut pas fe garantir.

———————————

CHAPITRE

CHAPITRE III.

Des maringouins ou moucherons.

C ES insectes sont en général très-inquiétans ; mais comme ils ne s'engendrent que dans les lieux où il y a des eaux stagnantes & en putréfaction, il est aisé de concevoir que ce   il n'est pas sans remède , puisqu'en séchant les marais & en cultivant les terres, on détruit en grande partie la cause qui le produit. Il est également certain qu'il n'est pas difficile de s'accoutumer à ces animaux, & qu'il est étonnant même de voir avec quelle indifférence les nègres vont presque entièrement nus, environnés des essaims de ces insectes , sans en craindre les attaques. La fumée est en général un bon moyen de s'en préserver (1).

---

(1) M. Sefstrom , en Suède , a découvert en dernier lieu qu'une très-petite quantité de camphre , répandue sur des charbons ardens , faisoit périr sur le champ tout insecte atteint de cette vapeur , & je ne doute point qu'elle ne fût également funeste aux maringuoins. Voyez les actes de la société royale des sciences de Stockolm, année 1787.

P

CHAPITRE IV.

Des épines & des orties.

L'INCONVÉNIENT des épines & des orties sauvages qui croissent en très-grande abondance parmi les arbres, les arbrisseaux, & les gazons, est encore un obstacle à la culture; mais il deviendroit de peu de conséquence, si l'on employoit les nègres à les arracher : ils y sont tellement accoutumés, qu'ils ne craignent pas de pénétrer dans les lieux où elles croissent le plus abondamment. D'ailleurs, en cultivant les terres, on feroit bientôt disparoître ces obstacles, ainsi que bien d'autres.

SECTION VI.

Réflexions.

D'APRÈS tout ce que nous venons de dire, & plusieurs autres détails particuliers qu'il est inutile de répéter ici, puisqu'ils ont été soumis aux yeux du public, il est évident que la traite des esclaves est un *commerce* porté au plus haut degré de la dépravation humaine, & il est à craindre que sa suppression totale, consentie par toutes les nations de l'Europe ne soit plutôt un vœu à former, qu'une chose à voir exécuter, à moins que quelques nations civilisées ne se réunissent pour établir des colonies sur la côte de Guinée. Puisse donc toute nation, prenant sérieusement à cœur la cause de la liberté, considérer ce remède efficace avec la plus grande attention, & profiter des grands avantages qu'on peut retirer d'un sol aussi fertile que celui de cette vaste partie du monde, par les moyens puissans que je viens d'indiquer, & principalement celui de la culture (1). Mais comme l'établissement des

______

(1) On a opposé au projet d'établir de nouvelles

colonies nouvelles & l'abolition fucceffive de
ce commerce exigent la plus fcrupuleufe attention, j'ofe me flatter que, d'après l'expérience
que j'ai acquife fur cette matière, & les recherches que j'y ai faites, je mettrai toutes les perfonnes fenfibles & défintéreffées à même de confidérer cet objet important fous le point de vue
qui lui convient : je me crois donc obligé de
leur foumettre les réflexions fuivantes.

Quoiqu'ordinairement l'on compare les nations & leurs colonies à des parens entourés de

colonies en Afrique, des objections qui ont paru d'a-
bord avoir quelque force, & qui fe réduifent à ces
points principaux : 1°. que ce feroit introduire parmi.
un peuple fimple & innocent les mœurs corrompues des
Européens; 2°. que ces établiffemens feroient des moyens
d'étendre & de perpétuer l'ufage de faire des efclaves;
3°. que le gouvernement feroit dans le cas de faire des
facrifices confiderables pour affurer la protection des
colonies, & pour leur fournir tous les objets d'Europe
dont ils auroient befoin, &c. Je me propofe, dans
un ouvrage que je me prépare à publier, de foumettre à l'impartialité des lecteurs les réflexions que j'ai
faites fur ces objections, & je me fuis efforcé de prouver l'erreur extrême où font, à cet égard, les vrais
amis de l'humanité.

leurs enfans, cependant la comparaison n'eſt pas réellement juſte, en conſidérant les choſes ſur le pied où elles ſont à préſent.

Dans toute famille, conſidérée individuellement, quel eſt l'objet le plus eſſentiel, & celui qu'on regarde comme le plus important & le plus utile, l'objet qui fixe le plus l'attention de la ſaine politique, ſi ce n'eſt la propagation de la race ? Quel eſt le père qui non ſeulement ne s'efforce pas de donner à ſes enfans une auſſi bonne éducation que celle qu'il a reçue, mais qui, pouſſé par la tendreſſe, ne cherche pas à lui donner un état plus élevé ? Partant de ce principe, a-t-il d'autre but que celui d'en faire des citoyens actifs, zelés, & laborieux, enfin de les diſpoſer à être utiles à la ſociété, & à y devenir un jour des chefs de famille auſſi reſpectables qu'il l'a été lui-même ?

Il réſulte donc de ce que nous venons de dire, que les enfans, lorſqu'ils arrivent à l'âge de maturité, peuvent bien avoir été utiles à leurs parens durant leur minorité ; mais que cependant on ne doit pas en conclure que, d'après un principe d'obligation & de reconnoiſſance mal entendue, ils doivent être à jamais inſéparables de leurs parens. Non ; dans un âge plus avancé,

la nature & la raiſon ſe réuniſſent pour leſ
autoriſer à s'émanciper, même contre la volonté
de leurs parens , puiſqu'à leur tour ils veulent
ſe former un établiſſement indépendant , & jeter
les fondemens de nouvelles familles, qui , aug-
mentant la proſpérité & la force de la ſociété ,
font néceſſairement le bonheur & l'avantage de
ceux qui vouloient les retenir auprès d'eux ; autrement y auroit-il aucune ſociété qui put ſe ſoutenir ? En un mot , un enfant eſt un fruit ſuſ-
pendu à un arbre ; arrivé à ſa pleine maturité,
il ſe ſépare du rameau qui le ſoutenoit, & repro-
duit enſuite un nouvel arbre qui fait l'honneur
de la forêt.

La reconnoiſſance & la tendreſſe filiale qu'un
enfant conſerve pour ceux qui lui ont donné
le jour , ſont toujours des ſentimens proportionnés à l'éducation qu'ils ont reçue , & au lien
qui s'eſt formé naturellement des deux côtés
durant l'extrême jeuneſſe.

Les grandes ſociétés doivent ſe conduire exactement d'après le même principe en formant
des colonies , puiſque les colonies ne ſont autre
choſe que leurs propres enfans, ou, autrement
dit , le ſuperflu de leur population.

Ainſi donc, lorſqu'une grande ſociété a donné

naissance à une petite, & qu'elle veut l'établir, peut-elle se gouverner d'après des vues plus nobles, que de n'avoir égard d'abord qu'à l'intérêt général des hommes, ou *à la société universelle*, & ensuite à l'avantage de sa propre colonie, ou *de la société en particulier?* Dans cet état respectif, n'est-il pas évident que le bonheur se placera au centre? N'est-ce point l'image d'un père de famille qui se réjouit du bonheur de ses enfans & de sa patrie? Mais y a-t-il quelque colonie existante qui ait été fondée sur ces principes veritablement humains? &, pour se servir toujours de la même comparaison, l'éducation que les colonies actuelles ont reçue, & qu'elles reçoivent encore de leurs parens intéressés & imprudens, ne prouve-t-elle pas la haîne outrée qui règne entre des êtres qui devroient être unis par les liens les plus tendres? Quelle est la cause pour laquelle ces petites sociétés ont été forcées, par mésintelligence, de se séparer des grandes qui leur ont donné naissance, si ce n'est la perversité de l'éducation, combinée avec le faux principe par lequel on s'est efforcé de retenir dans les liens de l'assujettissement l'enfant qui étoit parvenu à son entier développement, & dont les forces n'avoient plus besoin d'aucun appui?

P 4

Pendant le peu de féjour que j'ai fait à Londres, j'ai pefé avec l'impartialité la plus févère les
objections que l'on a faites pour & contre l'efclavage : j'efpère donc qu'il me fera permis de commu-
niquer mes idées fur ce délicat & intéreffant fujet,
en prenant toujours l'homme pour principal objet
de comparaifon , comme l'être le plus parfait
dans fa forme , & le modèle le plus accompli
qui exifte dans la nature.

Perfonne ne peut nier que les deux princi-
pales & diftinctes facultés qui conftituent effen-
tiellement l'homme , font la *volonté & l'entendement* : la première dérive d'une efpèce d'amour,
& l'homme la poffédant en commun avec tous
les autres animaux, en feroit le plus fauvage &
le plus deftructeur de tous , s'il n'étoit pas à
même de cultiver en fociété fon autre faculté ,
l'entendement , qui , par l'inftruction, eft fufcep-
tible d'une perfection infinie. Mais lorfque cette
faculté eft parvenue à fa maturité , elle acquiert
alors le droit de diriger la volonté de la manière
la plus conforme à la fageffe , & lui rend le
même office que le gouvernail rend au vaiffeau
dont il dirige la marche la plus favorable au
voyage.

Cette élévation de *l'entendement humain* ,

au deſſus de la *volonté* ou des *paſſions*, eſt la même que ce que nous appelons *éducation* ou *civiliſation* ; éducation à l'égard de chaque homme en particulier , & civiliſation à l'égard des hommes en général.

On peut diviſer généralement en deux claſſes les plus grandes ſociétés humaines : celles qui ſont *civiliſées*, & celles qui ne le ſont pas, & les obligations des premières ſont, à l'égard des dernières, ce que ſont préciſément les parens à l'égard de leurs enfans. D'après cette analogie entre les enfans & les nations non civiliſées, on peut conclure aiſément que les uns & les autres ſont gouvernés par leurs paſſions en raiſon de ce que leur entendement n'eſt pas cultivé.

Si nous ſentons en nous une voix diſtincte qui nous dit que nous devons chercher notre propre bonheur en cherchant à faire celui de notre poſtérité, nous ſentirons auſſi, en allant du particulier au général , que les nations civiliſées doivent néceſſairement , pour leur propre avantage , agir unanimement pour le bonheur de celles qui ſont dans l'état de barbarie & de groſſièreté.

Si le temps où les enfans ſont en tutelle doit

être regardé comme un temps d'esclavage, je conviens que les nations civilisées ont quelque droit à exercer un certain empire sur celles qui ne le sont pas, pourvu que cet empire léger soit considéré comme un joug paternel, & que sa durée n'excède pas l'époque de la maturité d'âge de l'enfant.

Formons donc de nouveaux établissemens le long des côtes de l'Afrique, établissemens qui n'auront d'autre but que celui d'inviter les naturels à s'enrichir des produits de la culture de leur propre pays, par conséquent à les civiliser, double objet auquel ils sont très-capables de s'appliquer avec ardeur & plaisir. — Elevons donc des autels à l'humanité sur les débris de la tyrannie. Donnons à ces peuples foibles, timides, & ignorans, une éducation mâle & courageuse. Faisons-leur sentir toute la noblesse de leur origine, afin que sous notre tutelle ils puissent devenir généreux, d'après le sentiment profond de l'intérêt politique, & que cessant d'être des esclaves, ils ne soient plus que des hommes.

Aidons-les de tout notre pouvoir à cultiver librement le beau pays qu'ils habitent ; prouvons, par exemple à cette multitude innombrable d'hommes, qu'ils sont possesseurs du sol le plus fertile.

Que ce foit auffi par l'exemple qu'ils apprennent à ne plus fouffrir que l'on vienne les arracher de leur pays natal ; apprenons-leur à brifer
leurs fers, & à fe venger des tyrans aveugles
qui les leur donnent, en les fervant bien plus
utilement dans l'état de liberté.

NOTE POUR LA SECT. III & LE CHAP I.

Cette anecdote eft rapportée par M. DE LA
BLANCHERIE, d'après un extrait de fes
voyages, publié à Paris, en 2 vol. 1775.

Un habitant de Saint-Domingue avoit un
nègre qui depuis long-temps follicitoit fa liberté
qu'il avoit amplement méritée par fes fervices ;
mais ce qui auroit dû la lui procurer étoit pré-
çifément ce qui empêchoit fon maître de la lui
accorder, c'eft-à-dire, la grande utilité dont il
lui étoit. Plus le nègre le preffoit pour obtenir
fa liberté, qui lui avoit été promife, plus le maître trouvoit de prétextes pour éluder & différer
l'accompliffement de fa promeffe : il ne cacha
pas même à fon efclave le grand attachement

qu'il avoit pour lui. Telle flatteuse que pût être
cette manière de refuser, loin d'affoiblir son désir
de devenir libre, elle ne servit qu'à l'augmenter.
Il résolut donc d'employer d'autres moyens, ce
fut de racheter sa liberté, en s'appréciant lui-
même, selon les raisons que son maître lui avoit
données pour se dispenser d'accomplir sa pro-
messe. Dans quelques endroits de Saint-Domingue, les habitans n'entrent pas dans les détails
de la nourriture & des vêtemens de leurs nègres.
Ils se contentent de leur donner deux heures
par jour pour cultiver une certaine portion de
terre qui leur est accordée pour leur subsistance;
ceux qui sont industrieux obtiennent par-là, non
seulement ce qui leur est nécessaire, mais ils se
mettent encore à même de faire un petit commerce plus ou moins considérable, selon leur
activité & leurs talens.

Le nègre dont nous parlons, au bout de quelques années, gagna plus d'argent qu'il ne lui en
falloit même pour se racheter, & en présentant à
son maître l'or qu'il avoit ramassé, lui dit qu'il
étoit résolu d'avoir sa liberté, & lui offrit de
payer le prix d'un autre nègre. Le planteur surpris lui répondit : « Va, j'ai suffisamment fait
le trafic de mes semblables, jouis de ce qui t'ap-

partient, tu m'as rendu à moi-même ». En effet, il vendit sur le champ son habitation, & ne demeura à Saint - Domingue que le temps qui lui fut néceffaire pour faire la liquidation de fes biens. Il revint en France, & pour fe rendre dans fa province, il fut obligé de paffer par Paris. En féjournant dans cette capitale féduifante, il n'épargna rien de ce qui pouvoit donner une idée de cette opulence qui eft attachée au nom d'un Américain. Il fe livra à tous les plaifirs des fociétés les plus difpendieufes, & ne fut mettre aucunes bornes à fon fafte : bientôt fa fortune fut diffipée. Dans cette fituation malheureufe il falloit bien prendre un parti ; mais lequel ? Un homme ruiné ne pouvoit fe réfoudre à demeurer en France, & il étoit fi humiliant de retourner aux îles ! Cependant, en réfléchiffant, il fe flatta d'y trouver plus de reffources que par-tout ailleurs, & mit fa confiance dans l'attachement de ceux dont il avoit fait la fortune à Saint-Domingue, plutôt que dans des perfonnes qui avoient contribué à le ruiner en France : il prit donc le parti de fe rembarquer. Tous ceux qui connoiffoient fa fortune furent fort étonnés de fon retour au Cap. Tous le plaignirent, mais perfonne ne lui prêta le moindre fecours. Ses

anciens amis lui permirent feulement d'être
témoin des plaifirs qu'il leur avoit procurés, fans
vouloir l'admettre à partager leurs jouiffances.
Plufieurs de ceux qui lui avoient des obligations
perfonnelles, n'étoient jamais chez eux quand il
demandoit à les voir; exemple déchirant, mais
qui, quoique très-fréquent, n'eft cependant pas
affez puiffant pour empêcher les hommes de
toujours former de femblables liaifons. Ainfi,
réduit à vivre dans les plus méchantes auberges
du port, qui ne font que les retraites des pauvres, il n'avoit pas encore vu le nègre, fon ancien ferviteur, foit qu'il lui eût été impoffible
d'apprendre où il étoit, ou que peut-être la honte
de fe préfenter à lui dans une fituation auffi
funefte, l'eût empêché de s'informer de fa de-
meure; il ne l'avoit pas encore rencontré : mais
le nègre, qui avoit une maifon à lui, ayant appris le malheur de fon ancien maître, & découvert le lieu de fa retraite, alla bientôt fe jeter
aux pieds de fon cher bienfaiteur, car ce fut
ainfi qu'il le nomma, en verfant un torrent de
larmes fur fa déplorable fituation. Son zèle ne
fe borna pas à des paroles ; il le mit à la tête
de fa maifon : mais réfléchiffant qu'en le mettant à fa place, c'étoit mortifier fon amour-

propre en l'expofant au mépris inféparable de
l'indigence, & au mal-aife qui réfulte du fentiment de la dépendance ; il fentit tout le poids
que les bienfaits d'un affranchi peuvent caufer
fur un efprit libre & généreux. « Mon cher
maître, lui dit-il en embraffant fes genoux, je
vous dois tout ce que je fuis; difpofez de tout
ce que je poffède ; quittez le pays où vos malheurs paffés pourroient vous en occafionner de
nouveaux, & abandonnez tous ces ingrats que
vous obligeâtes autrefois fans penfer à leur demander jamais aucun compte des fervices que vous
leur avez rendus ». Et comment me feroit-il
poffible de retourner en France ? « Ah ! mon
» cher maître, votre efclave feroit-il affez heu-
» reux que de pouvoir vous faire accepter un
» léger tribut de fa reconnoiffance ? Voulez-vous
» lui faire cette faveur » ? Le maître attendi
ne favoit quelle réponfe faire. Le nègre continua : « Quinze cents francs fuffiroient-ils » ?
'Ah ! c'eft bien plus qu'il ne faut, s'écria le maître en fondant en larmes. Auffi-tôt le nègre le
quitte & revient en lui apportant un acte par
lequel il lui affuroit quinze cents livres de rente
fa vie durant. Le planteur eft actuellement en
France, & reçoit chaque année fa penfion fix

mois d'avance. Ce nègre s'appelle *Louis Des-*
rouleaux , & je l'ai vu au Cap, où il continue
d'avoir une maison.

F I N.

TABLE
DES MATIERES
Contenues dans ce volume.

SECT. Iere.

De la manière de fe procurer des efclaves.

Q

Fin de la table.

9 782019 159986